W9-DID-748

JACQUES CHIRAC

UNE PASSION POUR LA FRANCE

par

Christian Boyer & Jean-Pierre Bechter

Editions Prestige de France

« *Si toute vie va inévitablement vers sa fin, nous devons durant la nôtre la colorier avec nos couleurs d'amour et d'espoir.* »

Marc Chagall

"Il ne faut pas mépriser l'homme, si l'on veut obtenir des autres et de soi de grands efforts" : ce précepte de Tocqueville est réinventé par tous ceux qui découvrent et cultivent l'art du commandement ; il me conduit à reconnaître en Jacques CHIRAC l'étoffe solide des hommes d'Etat.

C'est de lui-même que le Maire de Paris, le Chef du Gouvernement, exige d'abord *"de grands efforts"*. Chacun sent que sa nature le pousse vers le risque et l'oblige à l'action. S'il n'imposait pas un rythme épuisant à ses jours et à ses nuits, comment se saurait-il infatigable ? Plus le pouvoir est incommode, mieux il s'en accommode. D'où cette tranquille allégresse qu'on lui voit dans les bourrasques imprévues qui font plier les indécis et gémir les timides.

En vérité, l'exemple qu'il offre aux Français leur dévoile l'avenir vers lequel il les entraîne. Il respire à pleins poumons parce qu'il préfère aux idéologies qui se fanent les libertés qui s'épanouissent, parce qu'il porte à travers le pays et hors de nos frontières la preuve vivante que la responsabilité n'est pas un fardeau, mais la récompense des *"grands efforts"*.

Ce que cet homme heureux demande aux Français, c'est de l'aider à refaire du bonheur une idée neuve.

Maurice SCHUMANN
de l'Académie Française

Auprès de Jean-Paul II, « ce roc de certitudes ».

Ses rencontres avec le Saint Père, à Rome, dans les appartements pontificaux, ou en France, témoignent des liens extrêmement cordiaux qui existent entre ces deux chrétiens dotés de solides tempéraments, d'inébranlables convictions et d'une ardeur sans cesse renouvelée.

« Très Saint Père,

C'est une heure solennelle que cette heure où Votre Sainteté a voulu saluer sur la place de l'Hôtel-de-Ville le peuple de Paris rassemblé autour de son Conseil et de son maire.

C'est une heure historique qu'il aura fallu attendre près de deux siècles, depuis le passage de Pie VII.

C'est en ces lieux, sous le commandement des tours de Notre-Dame, à portée de la chapelle où saint Louis a honoré la Passion, au pied de la montagne Sainte-Geneviève où flotte encore le souvenir de l'antique bergère de Nanterre, patronne de la capitale, sous le regard de la prestigieuse Sorbonne où tant de docteurs ont enseigné, c'est en ces lieux que la France sent le plus fortement battre son cœur.

Existe-t-il au monde un espace plus réduit et cependant plus chargé de pensée où, d'âge en âge, de siècle en siècle, des génies dans les arts et les sciences, la philosophie et la théologie ont œuvré pour accroître le trésor de la culture humaine ?

Oui, Très Saint Père, vous êtes au cœur de cette ville qui, dans son patrimoine, et sur cette acropole, a recueilli le triple héritage de Jérusalem, d'Athènes et de Rome, et Paris est fier de vous recevoir en ce lieu où ont été célébrés les plus grands événements de l'histoire de notre pays et d'où, jusqu'aux quatre coins du monde, ont été portées les idées généreuses qui ont enflammé tant d'hommes en quête de dignité, de liberté et d'honneur.

Ceux qui croient et ceux qui ne croient pas sont venus pour vous dire les espérances que nous portons en vous, témoin vigilant de la conscience et de l'esprit, en ces temps difficiles où il faut, avec la culture et la civilisation, sauver la vocation de l'homme.

Comment en ce jour pourrais-je oublier la longue fidélité qui unit la France à Rome ? Comment pourrais-je oublier que la ville de Paris et la ville de Rome sont des villes sœurs, heureusement jumelées ? Une même lumière les enveloppe, plus douce et blanche à Paris, plus éclatante et dorée à Rome. Mais c'est la même lumière : elle figure la lumière de l'esprit qui nous unit en ce jour historique où Votre Sainteté est venue visiter le peuple de Paris. »

Allocution de Jacques Chirac
devant l'Hôtel de ville de Paris,
30 mai 1980

« Deux nations ont rarement tissé à travers l'histoire des liens aussi étroits que les Etats-Unis et la France. Resserrer un peu plus ces liens en contribuant à une compréhension mutuelle plus profonde encore est une grande ambition. »

Jacques Chirac
Harvard Business School Club, 30 mars 1987

Jacques Chirac, alors Premier ministre, accueille à Orly Gerald Ford, président des Etats-Unis.
A Matignon, le 10 juillet 1987, Jacques Chirac reçoit Richard Nixon, ancien président des Etats-Unis.

Bernadette Chirac, Ronald et Nancy Reagan, Jacques Chirac à la Maison Blanche, 31 mars 1987

« La France est plus qu'une alliée, elle est une amie fidèle. L'Amérique qui se croit parfois mal aimée, ne mesure pas toujours l'intensité des sentiments que lui porte le peuple de France.

Ces sentiments n'ont pas été tissés uniquement à travers les épreuves communes au cours desquelles nous nous sommes toujours trouvés côte à côte. Ces sentiments ne sont pas dus seulement au fait que nous partageons les mêmes valeurs de liberté. Ces sentiments, ils sont plus que jamais vivants parce que spontanément nous faisons face aux mêmes défis et nous ressentons une volonté commune de les surmonter.

Je tiens à souligner combien la France, au sein de l'alliance des démocraties occidentales, se trouve être en Europe un partenaire solide sur lequel les Etats-Unis peuvent compter. Cette solidité, elle la doit à l'accord profond de l'ensemble de son peuple sur les principes qui régissent sa politique étrangère et sa défense nationale, principes définis, il y a trente ans, par le général de Gaulle. »

Jacques Chirac lors du dîner officiel à la Maison Blanche, 31 mars 1987

Bernadette Chirac, à la droite du président des Etats-Unis, au cours d'un repas officiel.

A l'ambassade de France, Jacques Chirac pendant ses entretiens avec Caspar Weinberger, secrétaire à la Défense, George Bush, vice-président des Etats-Unis et George Shultz, secrétaire d'Etat.

« Lors de votre prestation de serment, le 10 décembre 1983, des Andes à la Terre de Feu, l'Argentine tout entière descendait dans la rue pour fêter la liberté et la dignité retrouvées.

Le peuple argentin unanime manifestait ainsi son attachement viscéral aux valeurs de la démocratie. Je dirais même qu'il a, alors, servi d'exemple à de nombreux Etats latino-américains qui ont, eux aussi, depuis quelques mois, mis fin à la dictature et à son cortège de souffrances et de misère. »

Jacques Chirac, lors de la visite de
M. Raul Alfonsin,
président de la Nation argentine

« Le Mexique n'est-il pas l'héritier de cet esprit de liberté et de démocratie auquel la France – et plus particulièrement Paris – a donné naissance et qui inspira les peuples de l'Amérique latine dans leur lutte pour l'indépendance ?

Aussi bien y a-t-il entre le Mexique et la France cet élan du cœur entretenu depuis qu'en 1964, le général de Gaulle fit en Amérique latine le voyage au cours duquel Mexico lui réserva un inoubliable accueil. »

Jacques Chirac
à l'Hôtel de Ville de Paris,
15 mai 1980

Jacques Chirac reçoit, à l'Hôtel de Ville de Paris, le président de l'Uruguay, Juglio Sanguinetti, 19 juin 1987.

« J'attends plus encore de nos conversations la possibilité d'imprimer un nouvel élan à des relations bilatérales dont nous estimons de part et d'autre, depuis longtemps, qu'elles ne sont pas au niveau qu'elles devraient atteindre, en particulier pour ce qui a trait à la coopération économique. Bien loin de nuire à un tel élan, les liens particuliers que la France a noués avec le Québec, sous l'impulsion décisive du général de Gaulle, devraient désormais favoriser une intensification de nos relations avec l'ensemble du Canada. »

Jacques Chirac
à Ottawa, 29 août 1987

Jacques Chirac, Brian Mulroney, Premier ministre du Canada, et son épouse.

Robert Bourassa, Premier ministre du Québec, fait découvrir à Jacques Chirac le plus grand chantier du monde : le complexe hydro-électrique de la baie James.

« De cette ville, l'une des plus anciennes d'Amérique, vous avez fait une cité moderne dans laquelle les activités industrielles, commerciales, culturelles, scientifiques et techniques se sont multipliées. Québec symbolise remarquablement cette synthèse si réussie entre l'Europe et l'Amérique, entre la fidélité aux traditions et l'élan vers l'avenir. »

Jacques Chirac
Québec, 29 août 1987

M. Pelletier, le maire de Québec, avec Jacques Chirac.

« Chacun en France garde très profondément à l'esprit, et dans son cœur, l'histoire, la lourde et riche histoire, marquée par les épreuves et les souffrances que le peuple juif a traversées pour que ses enfants vivent dans la dignité et dans la liberté. Bientôt l'Etat d'Israël célèbrera son quarantième anniversaire. Mais ce qu'il incarne est immémorial, et innombrables sont ceux qui, de par le monde, se retrouvent dans les valeurs et dans l'idéal au nom duquel Israël s'est créé.

Les relations entre la France et Israël ont aujourd'hui atteint une sérénité et une ampleur qu'illustre la densité de nos échanges.

La France a été aux côtés d'Israël au moment de sa fondation, et lorsqu'il s'est agi de défendre l'existence ou la sécurité de votre Etat. Elle continue de proclamer inlassablement, dans toutes les enceintes internationales comme devant chacun de ses interlocuteurs, le droit incontestable d'Israël à l'existence et à la sécurité dans des frontières sûres, reconnues et garanties.

La France est tout aussi soucieuse de faire prévaloir la justice pour les peuples, dans l'affirmation de leurs droits à réaliser leurs aspirations légitimes. Car nous savons que la paix, pour être durable, doit être juste, et donc fondée sur l'égalité des droits et le respect mutuel. »

Jacques Chirac, à l'occasion de la visite à Paris d'Itzhak Shamir, Premier ministre d'Israël, 27 avril 1987

Jacques Chirac accueilli à Jérusalem par Shimon Perez, Premier ministre, lors d'un des voyages qu'il a effectués en Israël.

Jacques Chirac se recueille devant le Mémorial de la Déportation des Juifs de France à Roglit (en Israël).

« Nous sommes des centaines de millions d'hommes et de femmes à nous réclamer de Jérusalem, Ville sainte où, comme on l'a si bien dit, le moins religieux des esprits se fait pèlerin. Chacune des trois grandes familles spirituelles – le judaïsme, le christianisme et l'islam – peut y lire, à livre ouvert, son histoire et retrouver les signes tangibles qu'ont laissés les grands fondateurs des doctrines de vérité : Moïse, Jésus, Mahomet.

En évoquant Jérusalem, nous savons jusque dans l'intime de nos consciences et de nos cœurs que, tous, nous sommes des héritiers, et des héritiers d'un esprit qui a germé dans cette cité unique. Des peuples entiers se sont pris à espérer, et c'est entre les murs de Jérusalem que naquit la certitude que le destin de l'homme passe la mort et que la pensée n'est pas un accident de la nature. »

Jacques Chirac à l'Hôtel de ville de Paris, 6 juin 1978

« La Charte de San Francisco a fixé comme premier but aux Nations-Unies le maintien de la paix et de la sécurité internationale. Observé sans complaisance ni parti pris idéologique, le monde où nous vivons ne correspond pas, et de loin, aux ambitions des fondateurs des Nations-Unies.

Le rétrécissement de notre planète conduit à l'imbrication croissante des problèmes à l'échelle mondiale. Aucun événement grave, si localisé soit-il, ne peut plus nous laisser indifférents. »

Extrait du discours de Jacques Chirac à l'Assemblée générale des Nations unies, 24 septembre 1986.

« Nous ressentons, en vous accueillant, des sentiments d'autant plus vifs que nous sommes proches de vous dans la tragédie que traverse votre pays, d'un Liban, naguère havre de tolérance, de démocratie et de prospérité, victime depuis douze ans de la terrible guerre que lui ont imposée les extrémismes et les interventions extérieures.

Quand le Liban, qui avait fait de l'harmonie entre ses communautés sa règle de vie, se trouve livré aux déchirements et devient l'enjeu d'intérêts souvent étrangers, ce n'est pas seulement le peuple libanais qui souffre, c'est une idée de la civilisation qui régresse. Ce sont en effet les valeurs mêmes de notre culture méditerranéenne, la tolérance, le respect de l'autre, l'esprit de progrès, qui sont combattus et que se doivent de défendre tous ceux qui leur sont attachés.

Le drame de votre pays, monsieur le Président, ne nous est pas étranger. Peu de pays autant que le nôtre, hors du Proche-Orient, partagent avec le Liban un même patrimoine, spirituel, linguistique et culturel. »

Accueil d'Amin Gemayel, président de la République du Liban Orly, 18 février 1987

Jacques Chirac a visité le royaume d'Arabie saoudite. Des liens personnels d'amitié l'unissent à la famille royale saoudienne. Lors d'une visite officielle, recevant à déjeuner le roi Fahd Ibn Abdul-Aziz al Saoud, gardien des Deux Lieux Saints, souverain du royaume d'Arabie saoudite, au palais des Affaires étrangères, le 16 avril 1987, Jacques Chirac s'exprimait en ces termes :

« Associé d'aussi longue date et sous des formes très diverses à la conduite de l'Etat, vous vous identifiez profondément, Sire, à votre pays que vous avez largement modelé à votre image, faite de fidélité à la tradition léguée par votre père et d'ouverture au monde contemporain.

Sous votre impulsion, s'est édifiée l'Arabie saoudite que nous connaissons aujourd'hui : un modèle de développement harmonieux et maîtrisé, où la modernité s'allie à la civilisation et aux valeurs qui sont celles de la patrie des Lieux Saints de l'Islam. Avec l'autorité spirituelle que lui valent les millions de musulmans qui se tournent chaque jour vers La Mecque, avec l'autorité politique reconnue, partout dans le monde, à un Etat dont l'action se déploie en permanence au service de la paix et de la justice, le Royaume d'Arabie saoudite, à l'image de son roi, est devenu un acteur essentiel dans la vie internationale. C'est ce pays, c'est ce souverain, dont la France s'honore d'être l'amie. Et cette amitié, solide et confiante, trouve, dans la convergence de nos vues sur les grands problèmes actuels, des raisons de se renforcer encore. »

Jacques Chirac accueille le roi et Bernadette Chirac s'entretient avec le fils cadet du gardien des Deux Lieux Saints, le prince Abdul-Aziz.

« Les Français qui, d'instinct, savent reconnaître et apprécier les bâtisseurs de l'Histoire ont été témoins de vos efforts inlassables pour préserver votre pays de la tourmente. »
Bernadette et Jacques Chirac accueillent à l'Hôtel Matignon, le 3 janvier 1987, le roi Hussein de Jordanie et son épouse.

En 1975, le Premier ministre avait été accueilli à Bagdad par Saddam Husseim, président de la République islamique d'Irak. Jacques Chirac analyse le conflit Irak-Iran :

« Depuis plus de six ans, l'Irak et l'Iran s'entre-déchirent dans un conflit qui, par son intensité, par les moyens qu'il met en œuvre, par les pertes énormes qu'il entraîne, ne peut plus être considéré comme un simple conflit régional. Sur des voies maritimes dont l'importance pour l'économie mondiale est capitale, la liberté de circulation est compromise. La poursuite obstinée de cette guerre absurde menace de bouleverser les équilibres d'une région du monde d'importance stratégique. Comme toute la communauté internationale, la France en est consciente et s'en émeut. Elle ne peut qu'appeler de ses vœux une issue raisonnable et négociée à ce conflit interminable, et demande que soit enfin donné suite aux résolutions du Conseil de sécurité. Elle soutient tous les efforts qui visent à la cessation des combats, notamment les offres de médiation du secrétaire général. »

Discours de Jacques Chirac à l'ONU, 24 septembre 1986

« A travers les siècles, l'Egypte a su, malgré les épreuves, garder une identité et une unité remarquables, qui font d'elle un modèle de l'Etat-Nation. Nos historiens, nos savants, nos diplomates ont toujours vu, en l'Egypte, le symbole de la stabilité et de la pérennité et ils ont su donner cette image de votre pays à tous les Français.

L'Egypte, puissance arabe, puissance africaine, puissance méditerranéenne, membre fondateur des Non-Alignés, joue sur la scène internationale un rôle majeur. Son histoire, sa stabilité, son armée, la qualité de ses élites, lui confèrent prestige et moyens d'action. La sagesse et la pondération de ses dirigeants lui valent la considération de tous. La légendaire fierté de son peuple – garantie la plus sûre de son indépendance – inspire le respect.

L'Egypte – qui a su faire la paix – s'est engagée pour la paix et pour la justice en s'efforçant de faire consacrer à la fois les droits du peuple palestinien et le droit à l'existence de tous les Etats de la région. »

Allocution en l'honneur du président Hosni Moubarak, Paris, 11 décembre 1986

« Je souhaite à Votre Majesté prospérité et paix afin qu'elle poursuive, au service du royaume, l'immense tâche accomplie depuis le début de son règne. »

Jacques Chirac, message à Hassan II, roi du Maroc, 9 août 1987

« L'appel que vient d'adresser le président Bourguiba à l'ensemble des croyants et à tous les peuples du monde apporte, pour la première fois, dans l'esprit de la conférence des Etats arabes de Fès, une contribution majeure permettant d'entrevoir une paix juste, dans le respect et la dignité de tous, pour le Proche-Orient. Le président Bourguiba intervient à un moment privilégié où tous les cœurs doivent se rejoindre dans la volonté de réconciliation. »

Jacques Chirac
Paris, 26 septembre 1982

« Les gestes traditionnels de courtoisie ne doivent pas cacher le caractère exceptionnel d'un événement dont Algériens et Français mesurent l'importance. C'est avec gravité que nous vivons ce moment car, même s'il peut paraître préférable de taire les grandes épreuves, de crainte d'en réveiller la douleur et l'amertume, il nous faut cependant aujourd'hui, à l'occasion de cette visite officielle, regarder en face ce que furent les relations de la France avec l'Algérie, car c'est la vérité qui exorcise les démons toujours prêts à renaître sous le couvert de l'ambiguïté et des malentendus. »

Jacques Chirac
accueille Bendjedid Chadli,
président de la République algérienne,
Hôtel de Ville de Paris,
9 novembre 1983

« Nous devons nous refuser à entrer dans toute forme de croisade antisoviétique. Son régime intérieur est son affaire, comme c'est notre affaire que de combattre le communisme en France. Si elle veut croire au marxisme, grand bien lui fasse. Nous ne lui demandons que de ne pas l'exporter chez nous avec l'appui de ses chars d'assaut. Je n'ai jamais éprouvé la moindre gêne à m'en expliquer avec mes interlocuteurs soviétiques, pas plus qu'avec mes interlocuteurs américains, et dans les deux cas j'ai toujours eu le sentiment d'être compris.

Au bénéfice de cette double mise au point, nous n'avons aucun scrupule à nous élever contre un partage du monde entre les deux hégémonies, l'américaine et la soviétique, antagonistes, mais conduites à s'entendre pour s'éviter la destruction mutuelle et qui, lorsqu'elles s'entendent, sont toujours disposées à le faire aux dépens des autres nations. N'acceptant l'impérialisme, ni de l'une ni de l'autre, nous ne saurions davantage nous plier aux deux impérialismes réunis, à leurs arrangements bilatéraux et aux accords qu'ils voudraient imposer à notre consentement. »

Jacques Chirac dans son livre
« la Lueur de l'espérance »
1978

Depuis sa rencontre avec Leonid Brejnev, à Moscou, en 1975 jusqu'à ses plus récents entretiens avec Mikhaïl Gorbatchev, à Paris et au Kremlin, Jacques Chirac a poursuivi, à plusieurs reprises, dans la tradition gaulliste, le dialogue avec les dirigeants soviétiques, sans cacher ses convictions ni sa détermination.

« Sous la conduite de toute une équipe de nouveaux dirigeants, l'URSS affirme une volonté de changement, de modernisation et de renouvellement politique, qui retient l'attention de l'opinion internationale. La France, pour sa part, y est particulièrement attentive. »

Jacques Chirac
Palais du Kremlin, 14 mai 1987

« Par deux fois au cours de ce siècle, nos nations ont combattu dans le même camp. Elles ont vibré aux mêmes espoirs pendant l'immense épreuve que vous appelez ici « la grande guerre patriotique ».

Ces souvenirs demeurent vivaces dans mon pays et donneront toujours à notre dialogue une qualité et une dimension particulières.

C'est sur cette toile de fond que s'inscrit la question fondamentale que les Français se posent lorsqu'ils vous écoutent et qu'ils vous regardent. Pouvons-nous, oui ou non, instaurer, entre l'Est et l'Ouest, le climat de confiance authentique qui permettrait de dépasser un jour la division de notre continent ? (...)

« La France ne voit aucune contradiction entre son attachement à la dissuasion et son action en faveur du désarmement. Celui-ci ne peut être qu'une œuvre de longue haleine, car les contraintes stratégiques et militaires évoluent lentement. Il n'a de sens véritable que s'il contribue à renforcer la sécurité de nos pays en corrigeant les déséquilibres, sources d'instabilité. La France, faut-il le préciser, est naturellement favorable à la réduction des armements nucléaires et à l'établissement d'un équilibre au plus bas niveau compatible avec la sécurité de tous. Dans cet esprit, elle s'est félicitée que l'Union soviétique et les Etats-Unis se soient mis d'accord sur le principe de l'élimination presque complète de leurs forces nucléaires de portée intermédiaire. Elle souhaite cependant qu'un tel accord soit global, vérifiable et qu'il ne puisse être contourné. »

Extraits du discours prononcé
par Jacques Chirac,
Palais du Kremlin, 14 mai 1987

Dépôt de gerbe du Premier ministre. A ses côtés, Jean-Bernard Raimond, ministre des Affaires étrangères et le général Bernard Norlain, chef du cabinet militaire.

Sur la place Rouge à Moscou.

« Cette présence, à Paris, de la très riche civilisation indienne a été voulue par Indira Gandhi qui a veillé à sa conception et à sa préparation jusqu'à l'heure tragique où le destin l'a frappée.

Qu'il me soit permis ici, en votre présence, de saluer sa mémoire. Nous savons qu'Indira Gandhi avait pour la France des sentiments d'amitié sincère. Nous sommes très sensibles à la réaffirmation de cette amitié, dont témoigne votre séjour à Paris pour l'ouverture de cette année de l'Inde.

Vous êtes le chef du gouvernement de l'Inde moderne. Celle d'aujourd'hui, qui dispose dès à présent de nombreux scientifiques de talent formés dans vos universités et vos instituts de technologie, d'une industrie en voie d'expansion rapide, d'une agriculture qui accomplit la « révolution verte » en obtenant des niveaux de production jamais atteints auparavant. Celle de demain, que vous voulez engager plus loin encore dans la voie de la modernisation.

Sachez que nous suivons avec attention et sympathie l'œuvre de cette démocratie bien vivante qui est l'Inde, "la plus grande démocratie du monde". »

Bernadette et Jacques Chirac reçoivent, à l'Hôtel de Ville de Paris, M. Rajiv Gandhi, Premier ministre de l'Inde et son épouse, 8 juin 1985

En février 1976, Jacques Chirac, accompagné de son épouse, visite l'Inde. Mme Indira Gandhi aura de longues conversations avec le Premier ministre français qui visitera le Tadj Mahal d'Agra, le Fort Rouge de New Delhi et la cité morte de Fatehpur Sikri, après s'être incliné devant le monument élevé à la mémoire du Mahatma Gandhi.

« Comment ne pas évoquer en vous recevant en cet Hôtel de Ville, la Chine telle que le général de Gaulle l'a présentée aux Français en leur annonçant la décision historique de l'établissement des relations diplomatiques entre votre pays et le mien :

« La Chine, un grand peuple, le plus nombreux de la terre, un très vaste pays étendu depuis l'Asie mineure et les marches de l'Europe jusqu'à la rive immense du Pacifique, et depuis les glaces sibériennes jusqu'aux régions tropicales des Indes et du Tonkin ; un Etat plus ancien que l'histoire, constamment résolu à l'indépendance, s'efforçant sans relâche à la centralisation, conscient et orgueilleux d'une immuable pérennité, telle est la Chine de toujours.

La France a toujours considéré qu'une Chine active et prospère était un élément capital dans l'équilibre du monde.

C'est ce grand pays que je salue aujourd'hui en mesurant l'énorme effort qu'il a entrepris et qu'il poursuit avec ténacité pour la mise en valeur de ses ressources naturelles, pour le développement de sa production agricole et de sa capacité industrielle. C'est ce grand peuple que je salue aujourd'hui, peuple fier, patient, laborieux, industrieux, qui ne cesse de trouver dans ses profondeurs les ressorts de courage et d'ingéniosité qui lui permettent de faire face à l'immense défi du progrès. »

Visite de M. Hua Guofeng
Paris, 16 octobre 1979

L'intérêt que porte Jacques Chirac à l'Extrême-Orient, à son histoire et à ses arts, est peu connu. Or, ses rencontres avec les dirigeants chinois sont régulières. Après avoir reçu Hua Guofeng à Paris, c'est à Pékin qu'il retrouvera M. Deng Xiaoping.

La photo traditionnelle sur la muraille de Chine en compagnie de Bernadette et celle d'un « bain de foule » voisinent dans l'album de la famille Chirac.

« Le Japon fit, pour l'Occident, son entrée dans le monde au XIXᵉ siècle ; vivant à l'abri des influences extérieures, sagement préservé des vicissitudes de l'histoire par la prudence des Tokugawa, le Japon, retiré de la planète, ne cherchait pas à se faire connaître.

C'est l'Occident qui força ses défenses séculaires et qui suscita l'initiative de la dynastie impériale, vénérable et sacrée, la portant à ce grand mouvement d'ouverture au monde, fondé sur une volonté farouche de préserver l'indépendance et la liberté que le destin avait léguées en héritage à votre peuple.

Vous savez toute la dilection que je porte à la civilisation de votre peuple, à son art de vivre, à ses traditions, toute l'estime que je nourris pour son génie inventif, son travail assidu et son exceptionnelle capacité d'adaptation. »

Jacques Chirac à Paris,
14 juillet 1982

L'empereur Hiro-Hito et l'impératrice reçoivent, en audience exceptionnelle, Bernadette et Jacques Chirac.
Entretiens politiques avec Yasuhiro Nakasone, Premier ministre japonais, et rencontres traditionnelles avec le peuple japonais jalonnent les étapes de ses voyages.

« J'ai proposé, il y a plusieurs années, une vaste alliance pour le développement qui permette notamment aux Européens de faire pour l'Afrique ce que les Etats-Unis ont fait, il y a trente-cinq ans, pour le redressement de l'Europe. Croyez bien que je ne renonce pas à cette idée quelles qu'en soient les difficultés. On attend beaucoup de la France dans ce domaine : elle doit chercher à introduire plus de justice parmi les nations et parmi les hommes, et aussi plus de fraternité. Il ne s'agit pas de limiter notre ambition au nouvel ordre économique international, il faut aussi rechercher un nouvel ordre culturel mondial qui puisse déboucher sur une véritable civilisation de l'universel. »

Jacques Chirac
Hôtel de Ville de Paris,
24 novembre 1981

A Abidjan, le président Félix Houphouët-Boigny accueille chaleureusement Jacques Chirac, Premier ministre, accompagné de Michel Aurillac, ministre de la Coopération.
Entretiens de Jacques Chirac avec le président Houphouët-Boigny en présence de Jacques Foccart.

« Il ne vous étonnera pas, j'en suis sûr, que je veuille ici citer un nom, celui d'un homme exceptionnel, admirable serviteur de la grandeur et du rayonnement africain, artisan inlassable de paix et de fraternité : je veux parler du président Houphouët-Boigny. C'est à son exemple qu'il appartient à tous les dirigeants africains de convaincre et de guider cette jeunesse. Cela est d'autant plus capital que l'Afrique est par excellence le continent de la jeunesse. C'est vrai parce qu'il y a peu d'années seulement, une génération à peine, que ses peuples assument pleinement et librement leur vocation. C'est vrai aussi parce que la grande majorité des Africains est aujourd'hui âgée de moins de 25 ans, ce qui va bouleverser les données de base de tout ce continent vibrant d'espoir et dont l'avenir est décidément entre les mains de sa jeunesse. »

Jacques Chirac, Paris, 17 septembre 1982

Jacques Chirac avec le président Abdou Diouf, président de la République du Sénégal.

Avec Léopold Sédar Senghor, fondateur de la République du Sénégal, membre de l'Académie française.

Avec Ahmed Abdallah, président de la République fédérale islamique des Comores.

Lors du XIIIe Sommet franco-africain à Lomé, le 13 novembre 1986, Jacques Chirac en conversation avec Gnassingbé Eyadema, président de la République du Togo.

« En Afrique, l'évolution heureuse du conflit qui oppose le Tchad à la Libye, évolution à laquelle la France a contribué de manière patiente mais déterminée, confirme la nécessité pour notre pays de disposer des moyens d'aider ses amis, partout dans le monde, dès lors que leur indépendance et leur sécurité sont menacées et qu'ils nous demandent d'intervenir. »

Discours du Premier ministre à l'Assemblée nationale, 8 avril 1987

Avec le président de la République du Zaïre, M. Mobutu Sese Seko.

« Comment célébrer la solidarité des relations qui unissent nos deux pays sans rendre hommage au sacrifice que tant des vôtres ont consenti à nos côtés ? Comment ne pas évoquer le souvenir de tous les Camerounais qui ont combattu avec les Français sur les champs de bataille européens ? Nous savons combien les hommes de votre pays ont été solidaires de la France pendant la Seconde Guerre mondiale : lorsque le colonel Leclerc débarqua à Douala, des milliers de vos concitoyens s'engagèrent comme volontaires. Par leur loyalisme, ils gagnèrent l'Afrique équatoriale française à la cause de la France Libre. Notre souvenir va vers eux. »

Jacques Chirac,
entrevue avec M. Paul Biya,
président de la République
du Cameroun, 5 mai 1987

« Il semble bien en vérité qu'aux riches atouts dont dispose déjà le Gabon et que l'avenir lui permettra de jouer pleinement, s'ajoute cette chance historique d'avoir pu se donner, démocratiquement, pour le guider dans la voie de l'indépendance, un chef de votre qualité.

L'amitié qui unit le Gabon et la France est ancienne. Elle s'est forgée et épanouie au temps où nos deux pays, appartenant à la même communauté, se sont imprégnés de leur culture ou de leurs traditions respectives. Elle s'est renforcée aux heures sombres de la guerre. Elle se prolonge à l'heure actuelle au sein de la francophonie à laquelle je sais que vous êtes, ainsi que moi-même, profondément attaché. N'avez-vous pas dit très justement, en effet, que la francophonie est une réalité internationale appelée à briser les frontières rigides de la politique et à faire fi des chauvinismes nationaux ? »

Jacques Chirac
Réception en l'honneur
de M. El Hadji Omar Bongo,
président de la République du Gabon,
Paris, 2 octobre 1980

Jacques Chirac inaugure le Transgabonais avec le président gabonais, El Hadj Omar Bongo, et le président congolais, le colonel Denis Sassou Nguesso.

« Nous avons en commun une longue histoire faite de souvenirs essentiels. Comment oublier qu'au plus fort de l'adversité, le général de Gaulle a lancé, de Brazzaville, les actions qui devaient mener au renouveau de la France.

Les élèves de nos écoles apprennent dans l'Histoire de France que les étapes de cette épopée passant par votre pays : les institutions de la France libre y ont été établies par une ordonnance signée à Brazzaville et l'Ordre de la Libération a été créé dans votre capitale.

Le monument à la gloire du général de Gaulle témoigne, au cœur de votre pays, de l'attachement du peuple congolais à ce qui nous est commun. »

Allocution de Jacques Chirac
lors de la visite, à Paris,
du colonel Denis Sassou Nguesso,
président de la République du Congo
10 février 1987

« Souvenons-nous de la part capitale que ces peuples d'Afrique ont prise au cours de la dernière guerre pour que la France et l'Europe restent libres. Rappelons-nous enfin que, pour cent quarante millions d'hommes et de femmes, chrétiens ou musulmans, Blancs ou Noirs, c'est-à-dire 40 % de la population du continent africain, la langue française représente un moyen privilégié d'échange et de culture.

A cette Afrique, à sa fidélité et à ses ambitions, notre langue doit demeurer, dans la fin du XXᵉ siècle, l'une des grandes langues mondiales, présente et vivante dans tous les organismes internationaux. Il est nécessaire de créer un esprit de la francophonie comme il y a un esprit du Commonwealth. Il faut dire que les chefs d'Etat francophones dans le monde ressentent profondément les liens qui les unissent. »

Jacques Chirac
à Marseille, 28 janvier 1977

A chacun de ses voyages à l'étranger, Jacques Chirac manifeste son attachement aux Français établis hors de métropole et accorde son attention à tous les événements qui consolident le développement de la francophonie, en les encourageant ou en les organisant.

Pour Jacques Chirac, le rayonnement de la France passe par le développement de la francophonie. C'est pourquoi il a voulu qu'un secrétariat d'Etat à la francophonie soit consacré à ce grand projet.

Le maire de Paris entouré par le maire de New York et le maire de Moscou (à sa gauche).

« Il ne faut jamais prendre son parti des situations les plus affligeantes et à la haine, à la destruction et à la guerre, peuvent succéder la confiance, la prospérité et la paix. »

Jacques Chirac, 19 mars 1980

Le chancelier d'Allemagne fédérale, Helmut Kohl, Jacques Chirac et l'amiral Philippe de Gaulle à Colombey-les-Deux-Églises.

« Plus que jamais la construction européenne, dont le Conseil de l'Europe fut sans doute l'un des pionniers, demeure une nécessité. Facteur de paix entre les nations, vecteur de prospérité, elle est devenue une condition indispensable pour triompher de la crise, pour permettre à notre vieux et cher continent de retrouver la place qu'il mérite sur la scène internationale et d'exercer une influence croissante sur les décisions qui engagent son avenir. »

Jacques Chirac
au Conseil de l'Europe
27 janvier 1987

« Les choses ne seront jamais normales tant que Berlin demeurera une ville divisée, tant qu'un mur séparera un même peuple, tant que des hommes paieront encore de leur vie un lourd tribut à leur quête de liberté. Le sentiment d'être habitants d'une même ville et citoyens d'une même nation durera plus longtemps que les murs d'acier et de béton.

La suppression de ce mur serait le geste le plus significatif pour conforter la paix en Europe, mais du moins pourrait-on le rendre moins inhumain, moins odieux, moins absurde. »

Déclaration de Jacques Chirac
devant le mur de Berlin,
2 juillet 1987

« Il souffle, sur les rives de la Tamise comme sur celles de la Seine, un même esprit de liberté et nos deux capitales, animées des mêmes principes démocratiques sont tournées vers un même idéal de dignité humaine et de paix. »

Jacques Chirac

Avec le Premier ministre irlandais,
Charles Haughey, à l'arrivée du Tour
de France.

Avec Wilfrid Martens, chef du gouvernement belge, M. Tindemans, ministre
des Affaires étrangères et son homologue français, Jean-Bernard Raimond.

Avec M. Ruud Lubbers, Premier ministre des Pays-Bas.

Avec Felipe Gonzalez, Premier ministre de l'Espagne.

Avec Anibal Cavaco Silva, chef du gouvernement portugais.

Avec M. Caramanlis, ancien chef du gouvernement grec et Amintore Fanfani, président du Conseil de la République italienne.

Les dirigeants des principaux pays du monde libre sont réunis à Tokyo le 4 mai 1986, à l'occasion du XIIᵉ Sommet des sept pays industrialisés.

De droite à gauche : Yasumiro Nakasone, Premier ministre du Japon ; Jacques Chirac, premier ministre ; Brian Mulroney, Premier ministre du Canada ; Helmut Kohl, chancelier de la République fédérale d'Allemagne ; François Mitterrand, Président de la République ; l'empereur Hiro-Hiro ; Ronald Reagan, Président des Etats-Unis ; Margaret Thatcher, Premier ministre de Grande-Bretagne ; Bettino Craxi, Président du Conseil italien ; Ruud Lubbers, Premier ministre du royaume des Pays-Bas et Jacques Delors, Président de la Commission de la CEE.
Au premier rang : Mme Nakasone, Mme Mulroney, Mme Kohl, Mme Nancy Reagan et Mme Craxi.

Jacques Chirac m'a souvent avoué, en privé, quelle avait été son émotion, en 1967, de devenir à 34 ans le benjamin du gouvernement que présidait mon père. Vingt ans plus tard, le même homme dirige le seul mouvement populaire qui, dans la vaste gamme des partis politiques français, incarne le mieux la pensée du général de Gaulle. En particulier Jacques Chirac témoigne son attachement aux institutions de la Vème République. Cela impliquait la cohabitation. Il met son ardeur à redresser l'économie française comme le fit mon père avec le succès historique que l'on sait dès son retour aux affaires en 1958. La défense de la France, dont la dissuasion nucléaire est la pierre angulaire, fait l'objet, par la loi de programmation militaire notamment, de toute son attention. La participation des salariés à la gestion et aux résultats de leur entreprise, le développement de l'actionnariat populaire mis en œuvre par Jacques Chirac, Premier ministre, confortent les lois faites par mon père. Le chemin est bien suivi, même s'il n'a pas encore pu être totalement parcouru. De plus, comme le général de Gaulle, Jacques Chirac s'est donné une mission : que la voix de la France soit à nouveau partout entendue. Son énergie inlassable lui permet de ne pas manquer d'être présent là où se traitent les affaires du monde. La France, celle de la Francophonie et des droits de l'homme, celle du discours de Pnom-Penh, celle des droits des peuples à disposer d'eux-mêmes, celle de l'amitié efficace envers les pays en voie de développement, cette France là qui renaît rayonnante et généreuse et qui était celle de mon père, c'est bien aussi celle de Jacques Chirac.

Amiral Philippe de Gaulle

« Ce n'est pas verser dans le romantisme des orages désirés que de reconnaître notre vocation à affronter les périodes critiques. Il ne nous prépare pas mieux que d'autres aux menues habiletés quotidiennes. En revanche, il nous confère une mission privilégiée lorsque le destin exige la contre-attaque, sans ménagement ni précautions, de la volonté et de l'espérance. »

Jacques Chirac
aux Journées parlementaires
du RPR à Menton,
29 septembre 1977

« La référence à Charles de Gaulle incorpore à la fois le vieil orgueil de la patrie, l'irréductible combat de la liberté, les transformations requises pour la continuité d'un grand passé dans un avenir maîtrisé et voulu. Elle évoque parfaitement la politique telle que nous la concevons, qui se moque de la politique telle que d'autres la conçoivent, et qui transcende toutes les divisions artificiellement entretenues entre les Français. Elle implique la stabilité d'institutions soustraites aux jeux des partis, l'orientation d'une politique étrangère rebelle aux hégémonies, la préoccupation constante du progrès social. Mais je n'entreprendrai pas de faire l'apologie d'un homme, ni la récapitulation de ses leçons. Chacune de celles-ci s'impose par justification directe et la plupart pourraient se découvrir d'autres répondants illustres dans l'histoire. Il s'est fait du gaullisme sans de Gaulle, et même sans le savoir, probablement depuis Vercingétorix. A l'heure actuelle, aucun nom ne représenterait une synthèse plus complète de nos devoirs, avec leur subordination à l'essentiel, et aucun ne rappellerait mieux les combats que doit livrer l'espérance.

La succession du général de Gaulle incombe maintenant au peuple français tout entier, aux citoyens que nous voulons rassembler en son nom. C'est d'eux que dépendront, directement, essentiellement, les grandes orientations du destin national telles qu'elles s'imposent au-dessus de tous les calculs mineurs et de toutes les combinaisons élaborées entre dirigeants de partis. »

Jacques Chirac
dans son livre « la Lueur de l'espérance »

En Irlande, sur les traces de Charles de Gaulle, Jacques Chirac en compagnie de Charles Pasqua, de Jacques Toubon et de l'aide de camp du général, l'amiral Yves Le Flohic.

Mme Claude Pompidou inaugure, à Treignac en Corrèze, un établissement de la Fondation qui porte son nom et qui accueille des enfants handicapés. Jacques Chirac fut, dès l'origine, le trésorier de la Fondation « Claude-Pompidou ».

« Récemment je relisais le livre inachevé de sagesse politique que Georges Pompidou avait écrit pendant la brève période de son éloignement du pouvoir, et je me suis senti pénétré de cette évidence : mon propos décousu de ce soir rejoint, avec moins de sérénité peut-être, moins d'acuité sans doute, mais autant de conviction et de ferveur, les intuitions de l'homme qui a guidé mes premiers pas dans la politique et m'a précipité dans la voie que j'ai choisie.

J'en ai éprouvé de la joie et peuvent le comprendre ceux qui ont connu la force de l'attachement qu'un cadet dans la vie peut porter à son aîné. Certes, le temps est passé où l'on revendiquait comme un honneur d'être disciple, et la jeunesse d'aujourd'hui récuse volontiers la paternité spirituelle. Sans doute étais-je moi aussi dans les mêmes dispositions pendant les premiers temps de ma collaboration auprès de Georges Pompidou. Et pourtant... songeant à ces années riches et pleines que j'ai vécues, qui sont mon passé, passé que d'ordinaire je tiens scellé malgré les sollicitations des capteurs de confidences, je ressens la dureté des choses mortes, les solitudes que la vie amoncelle, le poids d'avoir à faire, tout seul, face à sa destinée. Il est doux d'être guidé, de recevoir l'impulsion et l'élan, de se reposer sur l'expérience et l'amitié. J'ai eu cette chance pendant dix ans. Elle m'a enrichi et révélé à moi-même, et je ne serais pas tout à fait celui que je suis si la vie ne m'avait pas réservé la grâce de cette rencontre. Depuis lors est passé pour moi le temps de cette tranquillité d'âme que donne le bonheur de servir. Ou plutôt le service a pris le visage austère du devoir à rendre à une cause dont l'attrait et l'exigence ne reposent plus que sur elle-même, sans médiation.

Mais il reste l'héritage à assumer. Le témoignage qu'à la suite du général de Gaulle a laissé Georges Pompidou, témoignage que nous devons avoir à cœur de rendre à notre tour, c'est qu'il faut que les Français se rassemblent sur les exigences certaines de l'intérêt national avant qu'il ne soit trop tard. Il le faut absolument. »

Jacques Chirac, dans son livre « la Lueur de l'espérance »

« Nous savons ce qui nous réunit, mais cela ne suffit pas. Nous voyons avec émotion l'immense succès de notre appel, mais cela ne suffit pas.

Oubliez les passions qui vous divisent, mais n'oubliez pas la ferveur. On ne prépare pas l'avenir dans le désenchantement. On ne défend pas la liberté dans le renoncement. Le rassemblement que je vous propose exige de vous le contraire du consentement aveugle. Il est un mouvement de citoyens, c'est-à-dire d'hommes libres qui refusent la fatalité de toutes les dictatures, du fascisme comme du collectivisme, d'hommes libres qui veulent façonner leur histoire de leurs mains.

Vous qui êtes intransigeants sur l'indépendance de la nation ;

Vous que l'esprit de justice exalte et que l'injustice révolte ;

Vous qui ne tolérez ni l'amertume, ni le mépris, ni l'humiliation ;

Vous qui connaissez le prix de l'effort, de la droiture, de la rigueur ;

Vous qui savez que la responsabilité autant que le savoir fonde la dignité de l'homme ;

Vous qui voulez être des hommes, mais des hommes solidaires ;

Vous qui sentez que notre cause est celle de la liberté ;

A vous tous, je dis : n'attendez pas.

N'attendez pas pour défendre les droits civiques durement conquis et affermis par la République ; ils ne sont ni un don de la nature ni un privilège du destin. N'attendez pas pour servir une ambition nationale généreuse et humaine, rejoignez-nous. »

Jacques Chirac
lors de la création du RPR à Paris,
5 décembre 1976

Les quatre secrétaires généraux qui, avec Jacques Chirac, tous les élus et les militants ont « fait » le Rassemblement pour la République :
  Jérôme Monod
  Alain Devaquet
  Bernard Pons
  Jacques Toubon.

Sur la photo, en dessous, Claude Labbé, longtemps président du groupe parlementaire à l'Assemblée nationale.

« Notre peuple, dont c'est la grandeur d'être rebelle à la contrainte, a quelquefois besoin qu'on l'exhorte. Alors, il se rappelle son passé et il étonne le monde. Le voici soudain réconcilié avec lui-même, réuni dans le même combat, consacrant toutes ses forces à défendre sa culture et sa société. Le voici rassemblé.

Citoyens et citoyennes de notre pays, vous êtes les fils et les filles de ces hommes qui ont lutté dans notre longue histoire pour nous donner le droit d'être libres...

C'est au peuple de France que je m'adresse.

Peuple qui sait comprendre, peuple qui sait donner, peuple qui sait dire non à ce qui l'avilit, peuple une fois encore debout et rassemblé. »

Jacques Chirac
5 décembre 1976

Mme Chirac entre l'amiral Philippe de Gaulle et son épouse.

Accompagné de son épouse, Jacques Chirac participe à un déjeuner-débat préparé par Nicole Chouraqui, député au Parlement européen.
Alain Juppé, ministre délégué, chargé du Budget, met en œuvre, sous la direction du ministre d'Etat, Edouard Balladur, une partie du projet économique de Jacques Chirac : réduction des dépenses, baisse des impôts, assainissement de nos finances publiques.

« Gagner, c'est avoir le sentiment d'être allé jusqu'au bout de moi-même, pour convaincre, obtenir l'adhésion, rassembler autour du message qui est le mien, du projet de société auquel je crois. »

Jacques Chirac, avril 1981

Vous croyez être assez nombreux. Je vous dis : pas assez.
Vous croyez être assez généreux. Je vous dis : pas assez.
Vous croyez être assez forts. Je vous dis : pas assez.

Jacques Chirac
Discours d'Egletons, 3 octobre 1976

Dix ans après, des milliers de militants viennent à Paris fêter l'anniversaire de leur mouvement et acclament Jacques Chirac et Jacques Chaban-Delmas.

« Je voudrais, maintenant, m'adresser à l'opposition. Je vais sans doute la surprendre en lui disant que je me réjouis de sa présence dans cette assemblée. C'est que je crois profondément aux vertus de la démocratie et du pluralisme et je crois donc qu'elle a son rôle à jouer dans ce Conseil. Votre faculté d'expression existe : c'est à vous qu'il revient de déterminer si, du stade de l'expression, il est possible d'atteindre celui du dialogue. »

Jacques Chirac s'adresse à l'opposition, au Conseil de Paris, le jour de sa réélection, 21 mars 1983

Homme de dialogue, Jacques Chirac n'hésite pas à débattre publiquement de ses idées avec ses adversaires politiques : Georges Marchais, Lionel Jospin, Pierre Mauroy, Laurent Fabius, Michel Rocard.

Jacques Chirac, trait d'union entre deux générations de gaullistes : Michel Debré, Alexandre Sanguinetti, Olivier Guichard, Jacques Godfrain, Jacques Toubon, Michel Noir et Michel Barnier.

Jacques Chirac parmi la jeune vague des maires RPR du département des Hauts-de-Seine : Christian Dupuis (Suresnes), Nicolas Sarkosy (Neuilly-sur-Seine), Patrick Devedjan (Antony), Patrick Balkany (Levallois-Perret), Jean-Pierre Schosteck (Chatillon-sous-Bagneux).

A l'Assemblée nationale, Pierre Messmer, homme de courage et devoir, Compagnon de la Libération, ancien Premier ministre, dirige le groupe parlementaire du RPR. Au Sénat, Roger Romani, collaborateur de Jacques Chirac depuis 1971, sénateur de Paris, préside, avec souplesse, le groupe parlementaire.

Trois militantes devenues ministres : Michèle Barzach, ministre délégué chargé de la Santé et de la Famille, Nicole Catala, secrétaire d'Etat chargé de l'Enseignement technique et de la Formation professionnelle et Michèle Alliot-Marie, secrétaire d'Etat chargé de l'Enseignement.

Le comité central du mouvement gaulliste pendant une réunion de travail.

A Neuilly-sur-Seine, accompagné de Nicolas Sarkosy et de Jean-Marc Vernes, conseiller municipal, Jacques Chirac inaugure l'avenue « Achille-Peretti », à la mémoire d'un de ses amis (page de gauche).

Jacques Chirac multiplie les contacts avec les dirigeants de la majorité. A l'initiative du général de Bénouville, Compagnon de la Libération, député de Paris, il déjeune avec Valéry Giscard d'Estaing. Ses rencontres avec Raymond Barre, Alain Poher et Francisque Collomb, maire de Lyon, s'inscrivent tout naturellement dans son agenda de responsable du plus important courant politique de la majorité.

Jean-Claude Gaudin, président du groupe parlementaire de l'UDF à l'Assemblée nationale.
L'UDF et le RPR, après avoir préparé, en commun, la victoire aux élections législatives de 1986, gouvernent ensemble.

François Léotard, ministre de la Culture et Alain Madelin, ministre de l'Industrie ont combattu avec vigueur la gauche au pouvoir. Dans le gouvernement de Jacques Chirac, ils mettent en œuvre, avec détermination et compétence, les idées pour lesquelles ils se sont battus.

Dans les rues de Rouen, le maire de la capitale de la Normandie, Jean Lecanuet, président de l'UDF, fait les honneurs de sa ville au Premier ministre.
Jacques Chirac travaille avec Pierre Méhaignerie, ministre de l'Equipement et du Logement, président du Centre des Démocrates sociaux, rencontre le général Bigeard et André Rossinot, ministre chargé des Relations avec le Parlement, président du Parti radical.
Antoine Pinay apporte ses conseils au Premier ministre qui entretient, depuis 1974, des relations amicales avec Simone Veil dont il fit son ministre de la Santé avant de soutenir, en 1984, la liste d'union qu'elle conduisit, avec succès, aux élections européennes.

« Rassemblement pour la démocratie, mais aussi rassemblement dans la majorité : il ne doit y avoir aucun doute sur ce point. Actif et vigilant, le Rassemblement pour la République se situera résolument dans la majorité. J'ignore s'il sera toute la majorité, mais il sera tout entier dans la majorité. »

Jacques Chirac
aux Assises nationales extraordinaires du RPR à Paris, 5 décembre 1976

« Nous sommes – pour ce qui nous concerne – conscients du fait que nous avons été formés par la pensée du général de Gaulle, par le message de dignité, de solidarité, de refus qu'il nous a apporté et auquel nous sommes profondément attachés. C'est la raison pour laquelle nous disons et prétendons être un mouvement disciple de l'action du général de Gaulle, un mouvement gaulliste. »

Jacques Chirac
« Radioscopie » par Jacques Chancel,
12 décembre 1977

A Epinal, Philippe Séguin, remarquable ministre des Affaires sociales et de l'Emploi reçoit Jacques Chirac, Jacques Chaban-Delmas et Pierre Messmer.
Bernadette et Jacques Chirac fêtent le 10ᵉ anniversaire du RPR.

Voilà bien des années que je connais Jacques Chirac. Ce qui, toujours, m'a frappé en lui, c'est la capacité d'adaptation, la rapidité avec laquelle il appréhende les situations nouvelles.

D'une certaine manière, l'histoire de sa vie est celle d'un constant renouvellement, de constants progrès. Il sait faire face !

Conseiller du Premier Ministre, mais auparavant officier durant les combats d'Algérie, secrétaire d'État, Ministre, Premier Ministre, Maire de Paris, président d'un grand mouvement politique, chaque fois il franchit les étapes, il domine les situations, il réussit à s'imposer, par ses capacités et par le caractère chaleureux et entraînant de sa personne.

Premier Ministre durant la période la plus difficile de la Ve République, il veille à ce que les institutions continuent de fonctionner efficacement, et il se montre le plus attentif, le plus équitable, des chefs de gouvernement et des chefs de la majorité. C'est à lui, essentiellement, que la France doit d'avoir pu connaître son redressement sans perdre deux années de plus. Il a fait la preuve qu'elle ne saurait trouver d'homme d'État plus courageux ni plus dynamique pour la rassembler et bâtir, avec tout le peuple rassemblé, son avenir.

Edouard Balladur

25 mars 1967 : à 34 ans, Jacques Chirac est membre du gouvernement du général de Gaulle. Georg
Pompidou est Premier ministre, Jacques Chirac, secrétaire d'Etat auprès du ministre des Affai
sociales.

La photo ci-dessus rassemble, autour du général de Gaulle, les membres de son dernier gouvernement dirigé par Maurice Couve de Murville. Dans cette équipe, nommée après les événements de mai 68, Jacques Chirac occupe les fonctions de secrétaire d'Etat au Budget.

14 juillet 1968 : au défilé militaire, aux côtés du général de Gaulle et des plus hautes autorités de l'Etat.

Juin 1969 : Jacques Chirac participe activement à la campagne présidentielle de Georges Pompidou.

« Parce qu'il était un homme de la province et qu'il venait de ses profondeurs, il aimait passionnément la France qu'il eut sans cesse la volonté de mieux connaître pour mieux la transformer. Georges Pompidou n'était pas un conservateur au sens ambigu que ce mot a pris dans notre tradition politique. Il possédait une capacité rare de discerner dès leur principe les signes porteurs d'avenir. Pour lui, la France était alors, tout ensemble, celle de l'esprit et celle de la foi, celle des artisans et celle de la recherche, le pays de l'aventure humaine et la patrie de la paix. »

Allocution prononcée par
Jacques Chirac
pour l'inauguration à Brive
de l'avenue Georges-Pompidou,
8 mars 1980

« Je fus de ceux qui vécurent mai 68 aux côtés de Georges Pompidou. Il m'est arrivé d'effectuer, à sa demande, et sous l'impératif absolu de la discrétion, certaines missions comme il en existe toujours lorsque l'histoire s'accélère au point de tout faire craquer. Mais ce dont je puis porter témoignage, c'est du fait historique que, entre le samedi 11 mai et le vendredi 31 mai, vingt jours et vingt nuits durant, tout, ou presque, a reposé sur un seul homme, Georges Pompidou, qui assuma tous les rôles et réalisa l'indispensable unité de commandement en prenant tout le fardeau sur ses épaules. »

Jacques Chirac,
« Le Monde », 30 mai 1978

Première expérience gouvernementale de Jacques Chirac, aux côtés de Georges Pompidou. Le 27 mai 1968, il participe activement à la conclusion des accords de Grenelle après avoir personnellement suivi toutes les étapes d'une négociation particulièrement difficile. Georges Pompidou lui fait entièrement confiance.

20 Juin 1969 : à 36 ans, Jacques Chirac conserve ses responsabilités au secrétariat d'Etat au Budget dans le gouvernement de Jacques Chaban-Delmas sous la présidence de Georges Pompidou. Trois ans plus tard, le 7 juillet 1972, après avoir occupé la fonction de ministre, délégué auprès du Premier ministre chargé des relations avec le Parlement (photo de droite), Jacques Chirac est nommé ministre de l'Agriculture dans le premier gouvernement de Pierre Messmer.

« Lorsque je suis devenu ministre de l'Agriculture, j'ai eu une double expérience. La première, c'est que j'étais pratiquement indépendant. Les circonstances ont fait que le président de la République me faisait confiance, le Premier ministre me faisait confiance et donc l'un et l'autre ne s'occupaient pratiquement pas de l'agriculture. Le deuxième volet de cette expérience c'est qu'étant tout à fait libre, j'ai pu mener l'action que je souhaitais mener en concertation permanente avec les syndicats. »

Jacques Chirac
dans « Portrait total »

Jacques Chirac crée la première conférence annuelle agricole, lieu privilégié de rencontre et de travail avec les organisations syndicales, tout en demeurant, à Bruxelles, inflexible face à son redoutable homologue allemand.

Quand Georges Pompidou assiste, pour une de ses dernières sorties en public, au 50ᵉ anniversaire de l'Assemblée permanente des Chambres d'agriculture, Jacques Chirac et Pierre Messmer l'entourent.

Jacques Chirac quitte le ministère où il a si bien réussi. Raymond Marcellin, son successeur, lui remet la Croix de Commandeur du Mérite agricole.

Dernier Conseil des ministres présidé par Georges Pompidou. Jacques Chirac est ministre de l'Intérieur.

27 mai 1974 : Valéry Giscard d'Estaing, nouveau Président de la République, choisit Jacques Chirac, pour Premier ministre.

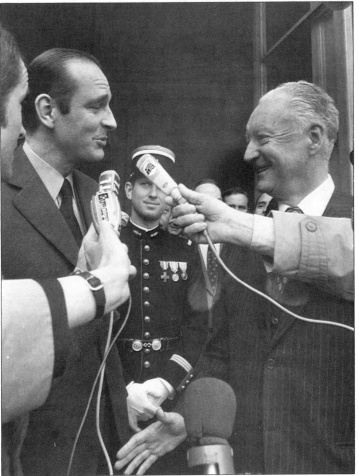

Le 25 août 1976, Jacques Chirac quitte, à sa demande, l'Hôtel Matignon. Raymond Barre, ministre du Commerce extérieur dans le gouvernement de Jacques Chirac, lui succède au poste de Premier ministre. Photo de gauche, Jacques Chirac prend la parole lors de la réunion du Congrès à Versailles, sous la présidence d'Edgar Faure.

Jacques Chirac descend les marches du perron de l'Elysée. Après la victoire de la majorité aux élections législatives de mars 1986, il accepte de former le gouverment.

« La France a assumé l'alternance parlementaire de mars 1986 sans crise politique. C'est la preuve qu'une fois encore les institutions de la Ve République ont parfaitement fonctionné. J'en tire la conclusion qu'il ne faut pas les changer et que ceux qui, mus par un excès de perfectionnisme, estiment que tel ou tel élément de la Constitution pourrait être adapté ou

modernisé, ont parfaitement raison en termes d'analyse et tort en termes de synthèse. Lorsque l'on touche en effet à l'architecture de la maison, on n'est jamais absolument sûr de ne pas créer un mouvement difficile voire impossible à maîtriser. Nos institutions ont fait leurs preuves, il faut les conserver telles qu'elles sont. »

Discours de clôture de l'Assemblée générale des « Clubs 89 » par Jacques Chirac

« Il n'a manqué aucune voix au gouvernement, même dans des votes difficiles. Et il n'y a jamais eu, dans les explications de vote des différents courants de la majorité, aucune contestation à l'égard de la solidarité majoritaire et du soutien au gouvernement. Ce qui est la caractéristique d'une majorité sûre.

Bien entendu, cette majorité n'est pas tracée au cordeau, elle ne marche pas au sifflet. Mais les courants qui la composent ont aujourd'hui acquis la maîtrise de leur expression et la conviction de l'exigence des solidarités. »

Jacques Chirac
5 mars 1987

Au Sénat

A l'Assemblée nationale

Robert Pandraud, Michel Aurillac, Lucette Michaux-Chevry et Jean-Bernard Raimond, en mission, sont absents de la photo du gouvernement de Jacques Chirac.

Photo inédite du gouvernement de Jacques Chirac : Edouard Balladur, Albin Chalandon, André Giraud, François Léotard, Charles Pasqua, Pierre Méhaignerie, Bernard Pons, René Monory, Philippe Séguin, Alain Madelin, François Guillaume, André Rossinot, Hervé de Charette, Alain Juppé, Michel Noir, Camille Cabana, Georges Chavanes, Jacques Douffiagues, Alain Carignon, Jacques Valade, Michèle Barzach, Gérard Longuet, Claude Malhuret, Christian Bergelin, Didier Bariani, Bernard Bosson, Gaston Flosse, Michèle Alliot-Marie, Nicole Catala, Adrien Zeller, Jean Arthuis, Jean-Jacques Descamps, Georges Fontès, André Santini, Ambroise Guellec.

« Une nouvelle fois, et après d'autres pays amis, la France traverse une épreuve. Les Français l'assument avec un calme, un courage et une détermination auxquels je tiens à rendre hommage. C'est d'ailleurs la seule attitude qui nous permettra de surmonter cette épreuve.

Ma première pensée sera pour les victimes du terrorisme, ceux qui ont trouvé la mort, civils, policiers ou militaires et ceux qui ont été atteints dans leur chair ou dans leurs affections.

A toutes et à tous, je tiens à exprimer la profonde solidarité et l'émotion du gouvernement.

La lutte contre le terrorisme est un combat. Ce combat peut durer, et les Français, tous les Français, ont le droit de savoir quelle est l'action de leur gouvernement. Cette action est claire : mettre en œuvre d'abord tous les moyens disponibles pour les protéger, même s'il faut pour cela leur imposer des disciplines ou des contraintes ; ensuite ne céder en aucun cas au chantage ; enfin, tout mettre en œuvre, je dis bien, tout, pour châtier impitoyablement les assassins et ceux qui les manipulent.

Sur l'ensemble du territoire les forces de l'ordre sont en action. Les assassins, je vous l'assure, ne nous échapperont pas. La justice, grâce à la loi que nous venons de faire voter, fera alors rapidement son œuvre.

Ce combat, nous le mènerons jusqu'à son terme, avec le concours de tous et dans le respect des règles fondamentales de notre démocratie.

La France a traversé bien des épreuves dans son histoire. Elle les a surmontées chaque fois qu'elle a fait preuve d'union et de volonté.

Jacques Chirac
Premier ministre, Hôtel Matignon,
18 septembre 1986

Charles Pasqua, ami fidèle, homme de confiance et ministre de l'Intérieur de Jacques Chirac, mène avec ardeur la lutte contre le terrorisme, assisté de Robert Pandraud, ministre délégué, chargé de la Sécurité. Tous deux ont su motiver de nouveau la police tandis que, dans le même temps, Albin Chalandon, Garde des Sceaux, redonnait aux pouvoirs publics les moyens juridiques de combattre le terrorisme et la criminalité.

« Tous les Français se réjouiront avec moi que nos deux officiers, le commandant Maffart et le capitaine Prieur, puissent, dans quelques jours, quitter leur prison et rejoindre une installation militaire française dans le Pacifique Sud, où ils recevront une nouvelle affectation.

Je dois saluer la dignité exemplaire avec laquelle ces deux officiers ont accepté et subi leur détention. »

Jacques Chirac reçoit
l'époux du capitaine Prieur,
Hôtel Matignon, 7 juillet 1986

« J'éprouve en ce moment, comme tous les Français certainement, deux sentiments : l'un, bien sûr, de joie profonde devant le dénouement heureux, pour deux de nos compatriotes, de l'épreuve particulièrement cruelle qu'ils viennent de vivre depuis plus de trois mois et je me réjouis de les accueillir à leur retour en France.

L'autre est celui d'un immense désir, d'un ardent désir de voir s'achever l'épreuve qui continue d'être celle de nos compatriotes encore détenus. Je leur exprime notre solidarité très profonde et je les assure que tout continue d'être fait par le gouvernement pour leur libération.

Enfin, je tiens à dire aux familles des uns et des autres mon admiration devant leur courage, leur dignité qui ne se sont jamais démentis, en dépit de tout ce qu'elles ont eu à subir pendant cette terrible épreuve.

Mes très vifs remerciements vont aussi à la presse qui a su manifester clairement à la fois sa solidarité et son sens des responsabilités. Je tiens enfin à remercier les autorités civiles et religieuses des pays qui ont usé de leur influence pour nous aider dans nos démarches. »

Jacques Chirac,
Hôtel Matignon,
21 juin 1986

Philippe Rochot et Georges Hansen sont libérés le 20 juin 1986 après 104 jours de détention.
Camille Sontag retrouve son épouse le 11 novembre 1986.

A la veille de Noël 1986, Aurel Cornéa, ingénieur du son d'Antenne 2, est libéré à son tour et accueilli à Orly par Jacques Chirac et François Léotard. Michel Roussin, préfet, et le capitaine Mouline sont aux côtés du Premier ministre.

Jacques Chirac s'entretient avec Mme Joëlle Kaufmann.

« Le terrorisme a voulu défigurer nos pays mais il n'y est pas parvenu. Respectueuses du droit et de la personne humaine, nos démocraties doivent avoir, notamment en joignant leurs efforts, la force et l'autorité indispensables pour conduire une véritable guerre contre le terrorisme et elles le peuvent. »

Jacques Chirac
au Conseil de l'Europe,
27 janvier 1987

« La gendarmerie mérite qu'on lui rende hommage et cela à plusieurs titres.

En premier lieu, pour ce qu'elle a apporté et qu'elle continue d'apporter à la cohésion de la Nation. C'est un aspect de notre histoire que l'on souligne rarement, mais on doit à la gendarmerie, depuis qu'elle a été organisée en brigades implantées sur tout le territoire, l'une des contributions les plus essentielles à l'unité du pays. En effet, depuis des siècles, elle fait appliquer, dans toutes nos régions, les mêmes lois pour tous. Elle a ainsi réalisé, en respectant les particularismes locaux, la communauté de comportements indispensable à la vie collective de la Nation.

En second lieu, elle mérite notre reconnaissance pour la qualité de ses personnels. Le gendarme n'a pas une mission facile. Il est dans notre système républicain l'ultime agent du pouvoir exécutif chargé de faire appliquer à toute la population les lois élaborées par ses représentants. Mission noble, s'il en est, mais aussi combien délicate. Elle suppose de sa part une bonne connaissance des lois, des gens et des lieux, une disponibilité quasi permanente, ainsi qu'un sens psychologique très développé, qui lui permettent de jouer, suivant les situations, du conseil, de la réprimande ou de la plus intransigeante fermeté. Cela, les gendarmes, dans leur immense majorité, savent le faire très bien et je les en félicite.

Notre pays a la chance de disposer d'une gendarmerie dont chacun se plaît à souligner l'efficacité, la disponibilité et le sens du service. Il nous revient de lui permettre de conserver ces qualités qui garantissent pour une large part notre propre sécurité. »
Extraits de l'allocution prononcée par Jacques Chirac à Dijon, 29 mai 1987

« Le gouvernement est préoccupé par le vieillissement excessif de notre flotte de surface. Alors même qu'aux côtés des autres armées, la marine a démontré ces dernières années le rôle qu'elle pouvait jouer dans les situations de crise, elle se trouve aujourd'hui confrontée à des exigences de renouvellement qui touchent l'ensemble de ses composantes. Je ne puis dissimuler la gravité du problème posé par les retards accumulés dans ce secteur essentiel.

Le gouvernement est conscient de la nécessité de renouveler la flotte et d'en préserver l'équilibre d'ensemble. »

« Personne dans l'Alliance ne doute que la dissuasion, en Europe et dans le monde, continuera d'exiger des forces nucléaires et reposera sur l'existence de systèmes complémentaires. Le rôle des sous-marins lanceurs d'engins qui, par leur invulnérabilité, garantissent la capacité de riposte du défenseur, quelle que soit la soudaineté de l'agression envisageable, nous paraît à cet égard primordial. »

Jacques Chirac
devant l'Assemblée générale de
l'Union de l'Europe occidentale,
2 décembre 1986

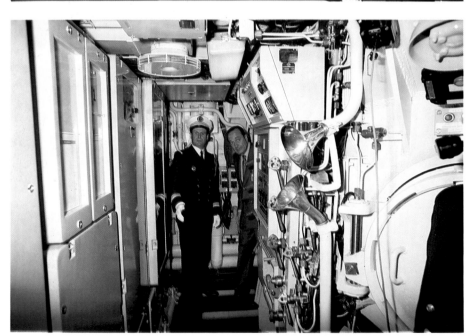

« En Europe, la France tient une place particulière depuis qu'elle a résolu de se doter d'armes nucléaires et de s'affranchir des contraintes d'une organisation militaire intégrée. Mais cette situation ne modifie en rien les responsabilités qui résultent d'une appartenance pleine et entière à l'Alliance Atlantique. L'arrivée à maturité de son effort nucléaire - qui donne à sa dissuasion des instruments plus diversifiés - et la prise de conscience accrue de la dimension européenne de sa sécurité, lui permettent d'explorer en toute indépendance les voies et moyens d'un renforcement de la dissuasion en Europe.

Je tiens à dire ici que, si la survie de la Nation se joue aux frontières du pays, sa sécurité, elle, se joue aux frontières de ses voisins. »

Extrait du discours prononcé par
M. Jacques Chirac devant l'IHEDN,
12 septembre 1986

« Aussi longtemps que, dans le monde, les plus puissants ne se seront pas engagés dans la voie d'un désarmement véritable, nous ne confondrons pas détente et sécurité ; et quoi que nous fassions par ailleurs pour contribuer à ce désarmement réel, nous n'oublierons jamais, comme le rappelait le commandant de Gaulle, que "la force fait la loi aux peuples et leur règle leur destin". »

Jacques Chirac
IHEDN, 7 octobre 1974

« Dans ce camp dont la carte porte les noms de villages à jamais disparus, on ne peut évoquer qu'avec respect le courage et la vaillance de ces combattants qui, dans la boue, et en proie à mille souffrances, ont tenu envers et contre tout. Oui, la Champagne évoque l'héroïsme et incite au recueillement.

Et puis, devant ces blindés et ces hélicoptères, représentant une puissance de feu et une masse jamais égalées par nos unités mécanisées, je n'ai pu m'empêcher d'évoquer la mémoire de tous ceux qui, chez nous, avant la dernière guerre, avaient prôné ce qui nous paraît évident aujourd'hui, l'existence de forces blindées, on disait cuirassées à l'époque, combinant des feux puissants à une mobilité tout terrain et tout temps.

L'héroïsme des combattants et la maîtrise des armements de pointe, défendue avec acharnement avant la guerre, puis lors de son retour aux affaires en 1958, par le général de Gaulle, sont les composantes indissociables de la victoire.

Aujourd'hui, devant vous, je suis profondément convaincu de la permanence des traditions d'honneur et de sacrifice dans nos armées, dont le mérite revient à vos convictions de citoyens et à la qualité de votre encadrement. »

Visite à Suippes
de Jacques Chirac,
Premier ministre,
10 juillet 1986

« De notre histoire, parfois douloureuse, souvent glorieuse, se dégage le même enseignement : lorsque la France relâche son effort de défense, ce n'est pas seulement sa propre sécurité qui est atteinte, c'est l'équilibre européen et la stabilité de certaines régions du monde qui risquent d'en souffrir. C'est dire qu'il n'y a pas d'alternative à l'effort.

« Grandir sa force à la mesure de ses desseins et ne pas attendre du hasard ni des formules ce qu'on néglige de préparer » telles sont les leçons du général de Gaulle dont j'entends m'inspirer au cours des prochaines années. »

Discours de M. Jacques Chirac devant l'Institut des hautes Études de Défense nationale, 12 septembre 1986

« J'ai été très impressionné par la complexité technique des matériels mis en œuvre par l'armée de l'air, complexité technique qui se traduit parallèlement par une complexité des situations tactiques.

Les nouveaux systèmes d'armes apportent un gain considérable en matière de volume d'action et de puissance de feu des forces aériennes. C'est la raison pour laquelle nous ne devons pas rester à l'écart d'innovations techniques fondamentales comme le radar aéroporté par exemple, ou les armes intelligentes.

Arme vouée à la manœuvre, à l'effet de surprise et à l'effet de choc, l'armée de l'air s'accorde parfaitement aux exigences des conflits modernes, que ce soit dans la stratégie de dissuasion ou dans la gestion des crises, grâce en particulier à sa grande capacité de projection des forces.

Ainsi les crises que nous avons vécues, ou dont nous avons été témoins ces dernières années, ont bien montré le rôle déterminant de la puissance aérienne dans la conduite de toute stratégie militaire. »

Jacques Chirac
Metz, 19 décembre 1986

A l'Hôtel Matignon, Jacques Chirac engage la concertation avec les associations de rapatriés dont la plus importante, le RECOURS, est présidée par Jacques Roseau et dont le secrétaire général est Guy Forzy.
En signe d'amitié, les harkis offrent un pur-sang à Jacques Chirac. A sa droite, André Santini, secrétaire d'Etat auprès du Premier ministre, chargé des Rapatriés.

A l'Hôtel de Ville, Jacques Chirac accueille Enrico Macias.

« Les années ont passé. La plupart des rapatriés ont su, par leur courage, refaire leur vie dans la métropole. Avec l'aide que la solidarité nationale devait à leur malheur, ils ont conquis une place souvent brillante dans l'ensemble de notre activité. En un temps record, leur dynamisme a contribué à l'expansion de notre économie. Un million d'hommes, de femmes et d'enfants, dont beaucoup étaient sans ressources, ont réussi, de façon spectaculaire, leur intégration dans la mère patrie. Et pourtant, en dépit de cet incontestable succès, nous devons le reconnaître, au fond de leur cœur, la blessure est encore sensible.

Priorité reste cependant au règlement définitif du contentieux qui demeure en suspens. Compte tenu de l'immensité de la question, il était inévitable que la législation concernant les rapatriés s'établisse de façon progressive et empirique. Les résultats acquis, nul ne le conteste, sont importants.

Mais en de nombreuses matières, comme le moratoire des dettes, l'indemnisation, les retraites, trop d'incertitudes demeurent. Ces incertitudes ne font que renforcer un malaise déjà lourd.

La France, qui, je le répète, a des devoirs envers les rapatriés, est aujourd'hui en mesure de dissiper ces incertitudes.

Il faut qu'une loi nouvelle, établie après concertation avec les associations concernées, règle tous les problèmes laissés en attente, et de façon globale, dans l'esprit d'une complète solidarité à l'égard de nos compatriotes rapatriés. »

Jacques Chirac, Marseille, 28 janvier 1977

« En réalité, ce que nous cherchons à faire, c'est à garder l'économie libérale en raison de son irremplaçable valeur de stimulation, mais aussi à la mettre au service d'une finalité sociale.

Nous voulons aller à la fois au-delà du socialisme et du capitalisme, c'est-à-dire de leur affrontement. Réussir cette mutation, c'est le rôle de notre mouvement, de ses militants, de ses parlementaires et de ses dirigeants.

Au terme de ces efforts, les vieilles habitudes étant brisées, les rapports d'allégeance ayant changé de signification et de nécessité, les intérêts et les responsabilités étant partagés, la pratique de la participation aura transformé les comportements et modifié les mentalités. Et, qui nierait que l'enrichissement et la transformation qualitative des tâches ne soient pas de nature à réconcilier des millions de Français avec le travail en usine ? »

Jacques Chirac
au Congrès national
de l'Action ouvrière et professionnelle,
Paris, 19 novembre 1977

Le dialogue social.
Jacques Chirac avec Philippe Séguin, ministre des Affaires sociales et de l'Emploi, réserve le temps nécessaire à des consultations suivies avec les dirigeants des organisations syndicales, professionnelles et patronales : Paul Marchelli (CGC), François Périgot (CNPF), Jean Bornard (CFTC), Aimé Paquet (APCM), André Bergeron (FO), Edmond Maire (CFDT), Henri Krasucki (CGT) et René Bernasconi (CGPME).

« La France de demain ne saurait être une société d'assistés où chacun recevrait d'une bureaucratie tentaculaire la même portion congrue de la pénurie collective. Certaines inégalités, en revanche, sont intolérables : toutes celles qui résultent de rentes de situation où le mérite personnel n'a que faire, toutes celles que sécrète le jeu de certains mécanismes économiques quand l'Etat ne maintient pas la mesure.

Réduire ces inégalités, voilà ce que doit être, concrètement, notre action de justice.

La deuxième discipline de la justice, c'est la solidarité.

Jacques Chirac
discours d'Egletons,
3 octobre 1976

« Il est urgent que les partenaires privilégiés de notre système social prennent conscience de la solidarité nouvelle que la crise a fait surgir entre tous. Certes, la société d'hommes responsables pour laquelle nous nous rassemblons ne saurait être fondée sur l'assistance. Mais la solidarité n'est pas l'assistance. Elle permet au contraire de concilier le goût de l'initiative personnelle et la sécurité à laquelle nous aspirons légitimement. »

Jacques Chirac, 3 octobre 1976

« Ce droit de choisir l'école de ses enfants, aussi bien entre secteur public et secteur privé, qu'au sein même du secteur public, par la suppression de la carte scolaire, n'est pas seulement la reconnaissance d'une liberté fondamentale pour les individus et pour les familles. C'est la garantie que pourra se développer, par les efforts et l'exercice de la responsabilité de chacun, une école qui permette à notre pays de tirer le meilleur parti de ses ressources humaines.

Cette école de la liberté, elle ne peut se concevoir sans l'active participation des parents d'élèves. »

60ᵉ anniversaire de la Fédération des Parents d'Elèves de l'Enseignement public, 24 avril 1986

Jacques Chirac reçoit la délégation de la Fédération de l'Education nationale à l'Hôtel Matignon.

« Les fondateurs de la IIIᵉ République ne voulaient pas dire autre chose lorsqu'ils parlaient de la laïcité. Leur seule intolérance était réservée à l'intolérance. Mais je sais aussi que c'est dans leurs manuels que les jeunes Français ont appris l'amour de la justice et de l'indépendance de l'esprit. Je sais que ces hommes ont eu d'abord le souci de réaliser l'unité nationale, de réconcilier la France de Jeanne d'Arc, de Saint Louis et de Richelieu, avec la France de Danton, de Pasteur et de Clémenceau. Rouvrir la querelle de la laïcité, ce n'est pas seulement faire œuvre anachronique, c'est remettre en cause, de façon irresponsable, l'unité du pays. »

Jacques Chirac
Journée nationale de l'Enseignement,
12 novembre 1977

« Je veux dire tout mon attachement au programme que François Guillaume a récemment exposé à Sa Sainteté le Pape Jean-Paul II. Il s'agit d'une exigence aussi bien morale qu'économique. Seule une réflexion approfondie entre les grands pays exportateurs pourra permettre, d'une part, d'améliorer les dramatiques situations de famine des pays les plus défavorisés et, d'autre part, d'enrayer un processus de détérioration des prix sur les marchés mondiaux.

C'est un des défis, et non le moindre, que doit relever notre politique agricole. Elle doit permettre de renverser le cours des choses, de redonner confiance, espoir et considération aux agriculteurs et agricultrices de notre pays. »

Discours du Premier ministre au Salon de l'agriculture, 9 mars 1987

Accompagné de François Guillaume, ministre de l'Agriculture, Jacques Chirac rencontre, à Rodez, le président de la FNSEA, Raymond Lacombe.

Jacques Chirac, parmi les plus grands chefs cuisiniers, à l'occasion de la remise de la Légion d'honneur à Paul Bocuse.

La formation de la jeunesse aux nouvelles technologies et aux métiers du bâtiment. Nicole Catala, secrétaire d'Etat à la Formation professionnelle accompagne le Premier ministre.

« La jeunesse n'aime guère, par nature, qu'on lui conseille la tiédeur et le scepticisme en ce moment de la vie où c'est de foi et d'idéal dont elle a besoin pour libérer sa force intérieure. »

Jacques Chirac,
Ludwigsburg, 19 septembre 1987

« Malgré la crise, les Français savent que leur pays est une nation forte des capacités de ses travailleurs, comme de la qualité de ses productions et de sa technologie.

Les Français ont conscience d'appartenir à un grand peuple qui a démontré à la fois ses facultés d'adaptation et son opiniâtreté, son goût de l'innovation et du travail achevé. Ils savent, et la jeunesse le sait aussi, que la France pèse dans le domaine des choses de l'esprit et que son influence dépasse de beaucoup le monde occidental auquel elle ne saurait donc se restreindre.

Jacques Chirac
Paris, 27 juin 1978

Visites d'un chantier de fouilles, d'une école hôtelière et du centre d'entraînement des futurs spationautes.

Avec le professeur Cabrol.

« Sans ces deux recherches, la recherche fondamentale et la recherche appliquée, il n'y a ni compréhension du monde, ni économie forte, ni diplomatie indépendante, ni enseignement de qualité, ni santé en progrès. Sans une science forte et vivante, un pays est aujourd'hui sans fondation.

La recherche est au cœur de notre avenir, elle mérite d'être mieux comprise, mieux soutenue. Elle le sera. J'en prends l'engagement devant vous. Je souhaite que cette dynamique partagée en faveur de la recherche mobilise les imaginations, les énergies, les volontés. Il y va de notre essor et de notre expansion économique ; il y va aussi du rayonnement et de la vitalité intellectuelle de la France. »

Discours de M. Jacques Chirac
au Laboratoire de génétique
moléculaire de Strasbourg,
27 janvier 1987

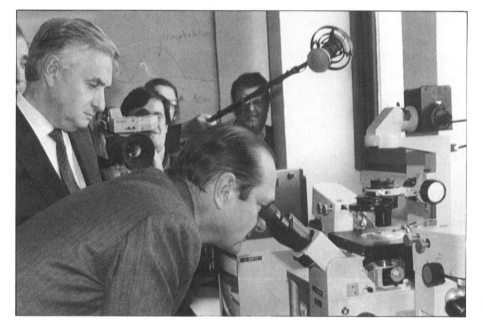

Avec Jacques Valade, ministre délégué chargé des Universités.

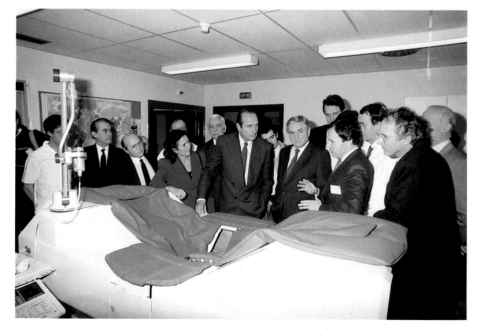

Avec Michèle Barzach, ministre délégué, chargé de la Santé et de la Famille et Michel Noir, ministre délégué, chargé du Commerce extérieur, dans le service du professeur Jean-Michel Dubernard, à Lyon.

Avec Patrick Baudry à bord de l'Airbus A 320.

« Le gouvernement est déterminé à soutenir le programme de l'Airbus 330 et de l'Airbus 340 dès lors qu'Airbus-Industrie a pu réunir un nombre de compagnies de lancement suffisant. Jamais un programme n'aura été décidé dans un délai aussi court et sur une base commerciale aussi large touchant tous les continents.

Il se félicite de ce résultat qui permet d'annoncer le lancement officiel de l'A 330 et de l'A 340 (...).

Le gouvernement français assigne aux services techniques comme aux industriels une mise en service du Rafale en 1996. »

Jacques Chirac,
au 37ᵉ Salon de l'aéronautique
et de l'espace du Bourget,
20 juin 1987

Jacques Chirac encourage Serge Dassault après avoir apprécié les évolutions du « Rafale » au Salon du Bourget.

Avec Michel Platini.

« Vos titres revêtent, par delà le seul aspect sportif, un contenu qui fait de vous une ambassadrice privilégiée de la France, hors de nos frontières. »

Allocution prononcée par Jacques Chirac lors de la remise de la Croix de la Légion d'honneur à la championne du monde de cyclisme Jeannie Longo, en présence d'Alain Carignon et Christian Bergelin, ministre et secrétaire d'Etat Grenoble, 8 mars 1987

« Votre place de finaliste dans le premier championnat du monde de rugby témoigne de la qualité du travail que vous avez accompli, de la foi et de l'engagement exemplaire de tous les joueurs de l'équipe de France auxquels je souhaite exprimer toute mon admiration. »

Télégramme adressé à Daniel Dubroca, capitaine de l'équipe de France, par Jacques Chirac, Hôtel Matignon, 20 juin 1987

« Défendre ces intérêts moraux, c'est aussi lutter pour maintenir la vérité de l'histoire, celle que vous avez écrite et que d'autres auraient la tentation d'occulter ou de travestir. Vous savez ce que furent les guerres que vous avez vécues, vous savez les sentiments qui vous animaient, vous savez aussi quelle était, dans le dernier conflit mondial, l'abominable réalité du nazisme. »

Jacques Chirac
Discours devant le Congrès
de l'Union française des Associations
d'Anciens Combattants,
Paris, 3 octobre 1987

En Vendée, au Puy-du-Fou, Jacques Chirac, Raymond Barre et François Léotard répondent à l'invitation de Philippe de Villiers, pour un « son et lumière » exceptionnel.

« Dans le domaine politique, ce fut par une double sagesse qui sut ménager les transitions, que la France et l'Alsace gagnèrent progressivement ce qu'aucun coup de force, aucune brusquerie n'auraient pu leur donner : un réciproque attachement des esprits et des cœurs. »

Jacques Chirac, à l'occasion des cérémonies du tricentenaire du rattachement de Strasbourg à la France, 23 février 1982

« Cette vérité, il faut donc aller la chercher dans la rue, sur les marchés, dans les magasins, au contact des gens dans les usines, les exploitations, les ateliers. C'est ce que je m'efforce de faire et c'est extrêmement enrichissant. On apprend souvent beaucoup plus sur une situation ou sur un problème par un simple regard, par la façon dont on vous serre la main, par un comportement sympathique – ou antipathique d'ailleurs – qu'en lisant de longs dossiers. Quand l'exercice se répète un certain nombre de fois et si l'on a un minimum de sensibilité, on se rend beaucoup mieux compte. »

« Radioscopie » par Jacques Chancel, 12 décembre 1977

Gérard Longuet, ministre des P & T, avec le Premier ministre.

Lors du Comité interministériel pour l'aménagement du territoire, le 13 avril 1987, Jacques Chirac, sur la proposition de son ministre, Pierre Méhaignerie, décide de construire 1 500 kilomètres d'autoroutes supplémentaires, portant ainsi à plus de 9 200 kilomètres le réseau d'autoroutes et de voies rapides.

Parallèlement, la relance du secteur des bâtiments et des travaux publics procure un nouveau dynamisme de l'économie nationale.

Parc de l'Hôtel de Matignon.

Jacques Chirac et la Corrèze 27.10.74

Georges Pompidou me disait, peu de temps avant sa mort,
"la force de Jacques Chirac c'est la Corrèze"

Quelle force ? celle de vos suffrages ? celle de l'admiration que nous portons à l'un des nôtres, investi d'une si haute mission française et internationale ?

Oui, sans doute. Mais il est une autre force, plus secrète et plus profonde ; celle qui naît de la mystérieuse communion entre un homme et la communauté dont il est issu et qu'il entoure de sa chaleur.

Un grand journaliste disait devant moi "pour connaître Jacques Chirac il faut l'avoir vu vivre et agir en Corrèze"

Ce parisien avait bien deviné = il faut avoir un Jacques Chirac chez lui ~

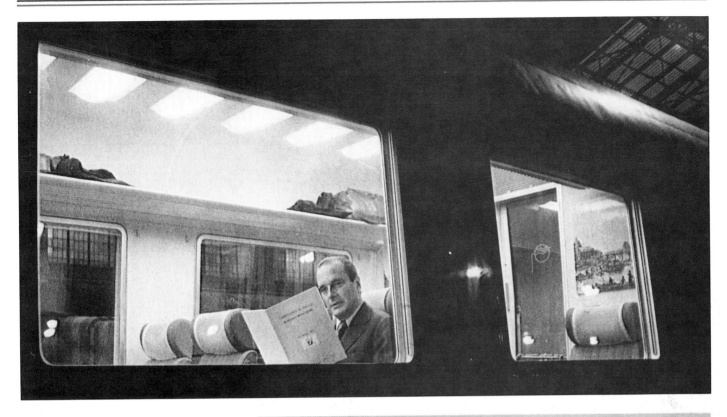

Dès 1965, Jacques Chirac entame les trajets hebdomadaires Paris-Corrèze. La vieille 403 qu'il répare lui-même sera son premier moyen de transport. Les voyageurs du « Capitole » et ceux des trains de nuit entre la gare d'Austerlitz et celle d'Ussel le rencontreront souvent, plongeant dans les dossiers de sa circonscription, notant consciencieusement l'intervention d'un voisin de compartiment ou parcourant la presse.

Ce n'est que récemment, avec l'accroissement des responsabilités et la course quotidienne après le « temps qui fuit », que Jacques Chirac se résoudra à utiliser un petit avion de tourisme.

En 1966, Jacques Chirac s'engage dans la vie politique en Haute-Corrèze. Il choisit son suppléant pour les élections législatives avec une extrême minutie : Henri Belcour, médecin, jeune maire d'Ussel où il a été brillamment élu en 1965. Il est le fils d'un résistant de la première heure, ses qualités humaines et celles d'administrateur font de lui le suppléant idéal. Ensemble, ils engagent le premier combat politique, victorieux, en Corrèze face à Robert Mitterrand. Quand Jacques Chirac quittera Matignon, Henri Belcour démissionnera pour permettre à l'ancien Premier ministre de retrouver son mandat législatif avant de devenir sénateur en 1980. Une vraie complicité l'unit à Jacques Chirac.

Le 11 février 1967, Georges Pompidou, Premier ministre vient apporter, à Ussel, son soutien à son « poulain » Jacques Chirac et à son suppléant, Henri Belcour.

« Chirac, je vous ai réservé un strapontin dans le nouveau gouvernement. Mais, je vous en prie, ne vous prenez pas pour un ministre. »

Georges Pompidou, 7 avril 1967
cité par Franz-Olivier Giesbert dans « Jacques Chirac »

Illustre prédécesseur de Jacques Chirac, Henri Queuille, plusieurs fois président du Conseil sous la IVe République, fut parlementaire de la Haute-Corrèze, pendant trente-huit ans. Sa petite-fille a épousé Jérôme Monod, secrétaire général du Rassemblement pour la République à sa fondation.

Lors de l'inauguration d'un monument consacré à sa mémoire, à Neuvic-d'Ussel, Jacques Chirac conte de nouvelles anecdotes sur le « bon docteur Queuille » aux enfants de Jérôme Monod.

Au rang des figures de la politique corrézienne, Jean Montalat, décédé accidentellement en Corrèze, fut député-maire de Tulle (SFIO). Il refusa le programme commun à cause de l'alliance avec le parti communiste.

Jacques Chirac a présidé à maintes reprises les débats de la Chambre de commerce de Tulle-Ussel. Ici, en compagnie du président Rogard (à sa gauche) et de Jean Montalat.

Parmi les événements particulièrement douloureux dont la Corrèze fut le théâtre pendant la guerre contre l'hitlérisme, la pendaison de quatre-vingt-dix-neuf Tullistes par les nazis de la division S.S. « Das Reich » le 9 juin 1944, est présente dans toutes les mémoires. En remettant la Légion d'honneur au chanoine Jean Espinasse qui assista les suppliciés pendant leur calvaire, Jacques Chirac déclarait :

« Je mesure ce qu'il a fallu de foi, de force, de courage surhumain pour surmonter l'horreur de la situation, engager le dialogue avec les bourreaux, offrir le réconfort de votre présence aux condamnés, multiplier les tentatives pour tenter d'arrêter le cours maudit des événements et arracher à la mort vingt et une vies.

Ces âmes et ces corps, vous les avez pris en charge, soucieux d'accompagner les victimes jusqu'au bout de leur voyage, jusqu'à la potence, juqu'à leur sépulture, habité par l'impérieuse obligation de témoigner. »
Tulle, 24 mai 1970

Au nombre des fidèles amis de Jacques Chirac, un de ses compatriotes, Jean Ségurel. Accordéoniste de réputation internationale, longtemps maire de Chaumeil, au cœur des Monédières, Jean Ségurel vendit des millions de disques et composa des centaines de mélodies dont plusieurs firent le tour du monde et, toutes, le tour du Massif Central...

« C'était en 1919, la France émergeait à peine du premier des effrayants conflits armés qui ont, deux fois en trente ans, déchiré l'Europe. De ces combats, de ce courage quotidien fait d'infinie ténacité et aussi de résolutions sans faille, Charles Spinasse, ainsi que nous le savons tous, avait pris sa part, à son rang, de telle façon que le 30 septembre 1918 il était fait chevalier de la Légion d'honneur, décoré sur le front des troupes. La Croix de guerre, la Médaille militaire soulignaient ce qui avait été la conduite de l'homme en qui ses compatriotes avaient choisi alors de mettre leur confiance.

Permettez-moi, de tout mon cœur, avec toute ma sincérité, de rendre un hommage profond et sincère à tout ce que vous avez fait sur le plan national... »

Discours prononcé par M. Jacques Chirac, Premier ministre, au cours de la remise de la croix de Commandeur de la Légion d'honneur à M. Charles Spinasse, ancien ministre de l'Economie nationale du gouvernement de Léon Blum en 1936 et ancien député de la Corrèze.

Ecouter et expliquer. Mieux que tout autre, Jacques Chirac sait présenter, avec clarté et précision, un dossier. Nul ne pourra recenser le nombre de réunions de conseils municipaux auxquelles il a participé, en vingt ans de mandats législatifs dans les 116 communes qui composaient la 3ᵉ circonscription de la Corrèze.

Analyser un problème communal, trouver la solution, proposer le meilleur financement possible, entreprendre toutes les démarches pour que l'opération se réalise, autant d'actions que Jacques Chirac conduit avec un souci du détail qui lui est propre et que les années n'ont pu émousser.

Le travail effectué par Jacques Chirac en Corrèze est exceptionnel.

L'histoire retiendra que le département s'est rapidement modernisé, que le déclin démographique a été enrayé, qu'une industrialisation nouvelle remplace progressivement les activités condamnées par le progrès.

En annonçant, au printemps de 1987, la création et le tracé des autoroutes Clermont-Ferrand-Bordeaux et Paris-Toulouse à travers « sa » Corrèze, Jacques Chirac a voulu lui donner, avant l'an 2000, l'atout majeur qui lui manquait. La Corrèze sera, en 1995, le carrefour privilégié des voies autoroutières reliant l'Allemagne et la Suisse à la façade atlantique et Paris à la péninsule ibérique.

Qu'il s'agisse de poser la première pierre d'une usine à Bort-les-Orgues, d'observer la progression des travaux de constructions nouvelles, de suivre l'évolution des travaux routiers ou encore d'inaugurer un équipement communal, Jacques Chirac, homme de terrain et de terroir, traduit en actes sa passion pour la Corrèze.

Aux agriculteurs, Jacques Chirac a toujours tenu un langage de sincérité et de vérité. Pour eux, il a tous les réflexes du cœur. Entre les agriculteurs et celui qui fut leur ministre, les liens sont étroits, tissés d'estime et de confiance réciproques.

Jacques Chirac s'est efforcé de redonner espoir et confiance aux jeunes agriculteurs ; de mettre en place des industries de transformation agro-alimentaires ; de remembrer les propriétés et de prendre, quand les décisions lui appartenaient, les mesures nationales pour réduire les coûts d'exploitations, améliorer les revenus agricoles et défendre d'arrache-pied, dans les instances européennes, l'agriculture française et, en particulier, celle des zones défavorisées.

Une connaissance aiguë des problèmes de la terre qu'il partage avec François Guillaume, ministre de l'Agriculture, ici, en visite dans sa circonscription.

Bernadette conduit son mari dans le canton dont elle est le conseiller général.

A la mairie, le jour d'une élection, Bernadette Chirac, adjoint au maire de Sarran, enregistre le vote de l'un de ses administrés : son mari.

Le conseil municipal de Sarran autour de son maire, Roger Merpillat, et de Bernadette Chirac.

Les maires, ces personnalités dominantes de la vie politique, ont pour Bernadette Chirac beaucoup d'affection. Robert Monédière, Maurice Martinie, Henri Crouzette, le Dr Ernest Agnoux, adorent leur conseiller général qu'ils jugent intelligente, serviable, travailleuse et amoureuse de ces rudes et belles terres du plateau de Millevaches.

Bernadette Chirac a réussi la prouesse d'accueillir, le 11 juillet 1987, une étape du Tour de France dans « son » canton et qui mieux est, à Chaumeil, au cœur des Monédières, au milieu des champs de bruyères et de myrtilles, la plus petite commune « ville-étape » (218 habitants) de toute l'histoire de la « grande boucle ».

Les téléspectateurs découvrent avec curiosité Bernadette Chirac qui répond brillamment et avec décontraction aux questions de Jacques Chancel. Pierre Dauzier, président d'Havas et Martial Gayant, vainqueur de l'étape, entourent « interviewée » et « interviewer »

Jeannie Longo et Stephen Roche, vainqueurs tous deux du Tour de France 1987, sont félicités, ainsi que Sean Kelly, par Bernadette et Jacques Chirac.

Réélue au conseil général avec 60 % des suffrages, Bernadette est devenue une « femme de terrain ». Les questions agricoles, les lignes budgétaires correspondant aux financements des équipements locaux, les routes et l'histoire de son canton n'ont plus de secret, pour elle. Mieux que Jacques ? En tout cas, aussi bien. A Chaumeil, devant l'église du XVᵉ siècle dotée d'un porche qui s'ouvre sur une place magnifique, Bernadette Chirac, accompagnée du maire, Robert Monédière, préside la traditionnelle « foire aux agneaux ».

Elu, en mars 1968, conseiller général de Meymac, Jacques Chirac devient, deux ans plus tard, le plus jeune président de conseil général de France en exercice.

Il a toujours suivi avec assiduité les travaux du Conseil général de la Corrèze, lieu privilégié où se mettent en œuvre les politiques de solidarité et de développement économique.

Rassemblés autour de Jacques Chirac les conseillers généraux composant la majorité du Conseil général de la Corrèze : Georges Mouly (sénateur) ; docteur Roger Leyniat ; François Béal ; docteur Daniel Chasseing ; Jean-Pierre Bechter (député) ; docteur Henri Belcour (sénateur) ; Bernadette Chirac ; Jacques Lagrave ; Jean Charbonnel (ancien ministre, député) ; Daniel Bourzat ; Charles Ceyrac (président du Conseil général) ; René Malmartel ; docteur Auguste Cloup ; Georges Auger ; Guy Pougetoux ; Aimée Vallat ; docteur André Crouzette ; Raymond Lacombe ; Pierre Celles ; Annie Lhéritier ; docteur Jean-Pierre Dupont ; Jean Teilhet ; Raymond Chaumeil ; Valentin Larivière. Absent : Jean Decaie.

A Paris, Jacques Chirac accueille les Corréziens: ici, les enfants des écoles dans les salons de l'Hôtel de Ville et les conseillers généraux accompagnés de leurs épouses à l'Hôtel Matignon.

Annie Lhéritier, vice-président du conseil général et André Vidal sont les liens permanents entre Jacques Chirac et la Corrèze.

Une Corrèze qui respire la « France profonde ». Celle qu'aimait et incarnait Georges Pompidou et celle qui, à en croire certaines lectures, aurait trop d'influence sur les choix politiques de Jacques Chirac. Une France où le temps s'écoule plus lentement, où l'amitié se donne plus difficilement mais pour longtemps, où l'on est à l'écoute du voisin, des amis, de la famille. Une France loin de l'univers médiatique de Paris, moins sensible aux modes, aux humeurs et aux rumeurs. Une France dont Jacques Chirac parle toujours avec respect et amour.

Que ce soit sur le lac de Séchemailles, accompagné de Georges Pérol, maire de Meymac, ou accueilli par quelques-uns de ces sapeurs-pompiers bénévoles, dont le dévouement au bien public n'est plus à vanter ou, encore parmi les membres d'un groupe folklorique qui lui composent une haie d'honneur musicale, Jacques Chirac parcourt la Corrèze, depuis plus de vingt ans, en prenant le temps d'écouter et d'admirer.

« Je suis issu d'une famille d'instituteurs, de ces instituteurs qui ont fait la force de la France pendant si longtemps.

Mon grand-père maternel était un très brave homme. Il a fait une carrière d'instituteur comme on les connaissait dans nos campagnes, c'est-à-dire entièrement dévoué à sa vocation, n'ayant aucune espèce d'ambition d'aucune sorte. Il avait terminé comme instituteur à Noailhac, où ma mère, d'ailleurs, est née.

Mon grand-père paternel avait plus d'envergure, sans aucun doute, et il a fait une carrière plus brillante. Il a terminé comme directeur dans une école qui était, à l'époque, la plus importante école primaire de Brive. Elle était connue, non seulement dans tout Brive, mais dans toute la Corrèze, comme l'école Chirac.

On parle encore à Brive de l'école Chirac. Mon grand-père était une forte personnalité qui avait une crinière abondante, contrairement à son fils et à son petit-fils. Il n'a jamais fait de politique. Il était radical... francmaçon, c'était l'archétype de l'instituteur de gauche de la Troisième République. »

Extrait des propos de Jacques Chirac, publiés dans le livre « Portrait total »

Dans sa propriété de Bity, avec son épouse, Jacques Chirac aime travailler mais aussi recevoir.
Au mois d'août 1976, Bernadette et Jacques Chirac accueillent M. Tseng Tao, ambassadeur de Chine, et son épouse, ainsi que le Dr Henri Benassy, conseiller général et Charles Spinasse, ancien ministre.

« Il y a donc maintenant un peu plus de huit ans que j'ai reçu, en effet, pour la première fois, présenté par un ami, chez moi, à Seugnac, un grand jeune homme aux manières simples, aisées, directes et dont la politesse soulignait sans affectation le respect qu'on a de soi et des autres. Je le priais naturellement de s'asseoir et l'observais. Son maintien restait calme, presque sévère, le visage aux traits fins était mince, tranchant comme une lame et sous un front très haut, le regard sérieux, parfois dur, paraissant impatient de tout voir, de tout saisir, pour tout comprendre. Je le laissais parler. Il m'exposa ce qu'il était, ce qu'il voulait, ce qu'il ferait, avec tant de netteté dans les idées, de justesse dans l'appréciation des faits, d'assurance tranquille dans l'expression de la volonté, que je fus très vivement frappé à la fois par la fermeté du caractère et la qualité exceptionnelle de l'esprit. Aussi décidais-je, sur le champ, de faire ce qui serait en mon pouvoir, bien sûr, pour le mettre au service de la Corrèze et de la France. »

Charles Spinasse,
ancien ministre de Léon Blum
pendant le gouvernement de Front
populaire, discours public à Egletons
23 novembre 1974

« Venir de cette terre rude, simple, où les gens ont l'habitude de peiner, de travailler et d'économiser, m'a probablement marqué. Mes racines, mes origines sont entièrement dans cette terre corrézienne. »

Jacques Chirac
dans « Portrait total »

De Paris, Paul Eluard disait :
Paris, ma belle fille, fine comme une
aiguille, forte comme une épée ...
Mériter à chaque jour Paris, son
âme et sa jeunesse n'est pas petite
affaire !

Pierre Seghers

20 mars 1977 : Jacques Chirac est élu maire de Paris.

« Paris et la liberté ne font qu'un. Depuis la résistance aux grandes invasions barbares jusqu'à la victoire de 1944, en passant par le siège de 1870, c'est bien le même esprit qui a toujours soufflé, de la cité aux plus lointains faubourgs. C'est bien le même esprit qui a manifesté au monde attentif que si, miraculeusement, Paris ne fut jamais détruit, plus encore est demeurée intacte, dans l'âme de ses habitants, la volonté de ne pas céder à l'oppression, quelles qu'en soient les formes et les circonstances. »

Jacques Chirac à l'Hôtel de Ville,
25 août 1981

« Chaque fois que le peuple de Paris a voulu faire entendre sa voix, ce fut à l'Hôtel de Ville et sur sa place. Le destin de Paris et, souvent, celui de la France, s'y sont suffisamment forgés pour que ce bâtiment soit un symbole. »

Préface de Jacques Chirac pour le livre
« Le Centenaire de l'Hôtel de Ville »
(1982)

13 mars 1983 : les listes d'union présentées par Jacques Chirac remportent les élections municipales de Paris dans les vingt arrondissements de la Capitale. Pour conduire la politique définie par le maire de Paris, les maires, élus par chacun des conseils d'arrondissement, se retrouvent autour de Jacques Chirac : Michel Caldaguès (1er arrondissement), Alain Dumait (2e arrondissement), Jacques Dominati (3e arrondissement), Pierre-Charles Krieg (4e arrondissement), Jean Tibéri (5e arrondissement), Pierre Bas (6e arrondissement), Edouard Frédéric-Dupont (7e arrondissement), François Lebel (8e arrondissement), Gabriel Kaspereit (9e arrondissement), Claude-Gérard Marcus (10e arrondissement), Alain Devaquet (11e arrondissement), Paul Pernin (12e arrondissement), Jacques Toubon (13e arrondissement), Lionel Assouad (14e arrondissement), René Galy-Dejean (15e arrondissement), Georges Mesmin (16e arrondissement), Pierre Rémond (17e arrondissement), Roger Chinaud (18e arrondissement), Jacques Féron (19e arrondissement), Didier Bariani (20e arrondissement).
Elu premier adjoint, Jean Tibéri devient le plus proche collaborateur du maire de Paris.

Jacques Chirac au premier rang des défenseurs de la liberté de l'enseignement.

21 juin 1984 : deux millions de Français dans les rues de Paris pour défendre la liberté de l'enseignement. Bernadette et Jacques Chirac sont parmi eux. Le pouvoir socialiste recule. Le gouvernement Mauroy donne sa démission quelques jours plus tard.

« Je ne peux que déplorer ces deux années d'affrontements stériles autour d'une querelle dépassée, alors que la paix scolaire, depuis la loi Debré, était bel et bien un acquis de la communauté nationale. Je suis convaincu que personne en France ne trouvait scandaleux que les parents puissent choisir pour leurs enfants l'école de leur choix, que les chefs d'établissement puissent constituer l'équipe pédagogique de leur choix au service d'un projet éducatif spécifique, et que les écoles libres ayant passé contrat avec l'Etat et satisfaisant à tous les critères exigés reçoivent des aides de l'Etat. »

« Notre pays croit à l'école publique, au dévouement et à la compétence de la grande majorité de ses professeurs, au rôle décisif que l'enseignement public a joué dans la création de notre République, et au rôle qu'il doit jouer aujourd'hui et demain, dans la période de mutation et de transformation que nous sommes en train de vivre. Je sais que 84 % des familles françaises font confiance à l'école publique, mais je sais aussi que la presque totalité de ces familles trouvent qu'il est beaucoup plus urgent et beaucoup plus important de rénover le système éducatif dans son ensemble que de casser l'enseignement privé. »

« Notre système éducatif doit être mieux adapté à sa raison d'être : permettre à chaque enfant d'épanouir les capacités qu'il porte en lui ; favoriser la promotion sociale et le renouvellement des élites ; préparer chacun à l'exercice d'un métier, mais aussi à changer de métier tout au long de sa vie professionnelle. »

Discours de Jacques Chirac
à l'Assemblée nationale, juin 1984

14 juillet 1986 : le Président de la République et le Premier ministre passent les troupes en revue.

Micheline Chaban-Delmas et Bernadette Chirac assistent au défilé.

Chaque année, Parisiennes et Parisiens commémorent avec ferveur la libération de leur ville, le 25 août 1945. Depuis dix ans le discours de leur maire à l'Hôtel de Ville est très attendu.

« L'insurrection de Paris signifiait au monde entier que sous le baillon de l'occupant, le peuple français n'avait cessé ni de frémir, ni de lutter. »

Hôtel de Ville, 25 août 1984

« Dans cet appel fameux du 18 juin qui fut écouté par un petit nombre mais entendu et compris par un grand nombre, il exhorte la France à retrouver son âme, à dire, face à l'envahisseur, ce « non » venu du fond des siècles, le « non » qu'Antigone oppose à Créon, le « non » que Jeanne d'Arc oppose aux Anglais, le « non » du Paris de la Commune de 1870, et très près de nous, le « non » de Lech Walesa et du peuple polonais. Le Général de Gaulle, proposant aux Français de venir le rejoindre pour continuer le combat, savait qu'il suffit du courage et de la résistance de quelques-uns pour qu'un pays, grâce à la mystérieuse solidarité qui relie entre eux tous les citoyens, ne perde ni son honneur, ni sa capacité de redressement. »

Jacques Chirac, 25 août 1983

« Que l'armée n'exerce plus sa mission de sauvegarde, dans la confiance de la nation et dans l'union avec le peuple, et c'est la liberté tout entière du pays qui se trouve menacée. La contrainte de l'ennemi est bientôt là pour se substituer à la loi de l'État. Ainsi comprise, la défense est loin d'être cette servitude parfois décrite par les esprits faux : elle constitue au contraire la première des libertés, celle qui fonde toutes les autres, celle sans laquelle aucune autre liberté essentielle ne peut être assurée. C'est pour cela sans doute que le cœur de Paris a toujours battu pour son armée qui ressent combien, le 14 juillet, elle est l'élue des Parisiens et occupe une place privilégiée dans chaque foyer de la capitale. »

Hôtel de Ville, 25 août 1981

« Malgré la crise qui secoue l'Eglise, celle-ci en proclamant au concile sa présence au monde et aujourd'hui encore en signifiant son universalité par le pontificat d'un pape qui n'est pas italien, reste fidèle à sa mission permanente qui est d'évangéliser, c'est-à-dire de porter la bonne nouvelle au milieu des hommes, de vaincre l'indifférence et les égoïsmes, de faire prendre conscience à l'être humain de l'humilité de sa condition, mais aussi de sa grandeur. »

Jacques Chirac dans son livre
« La Lueur de l'espérance »

Avec le cardinal Jean-Marie Lustiger, archevêque de Paris.

« Peu de peuples, en vérité, furent aussi douloureusement marqués par l'Histoire. Situé entre de grands empires rivaux, le peuple arménien a connu des alternatives d'indépendance et de sujétion aggravées de pillages et de massacres sans nombre ; qui pourrait oublier le véritable génocide qu'il subit à deux reprises et dont l'horreur est encore ressentie en France et plus particulièrement peut-être à Paris ?

Malgré tant de drames et tant d'épreuves, le peuple arménien a survécu. Il est parvenu à sauvegarder sa foi, sa langue, ses mœurs, la fierté de son attachement à son passé et il a cultivé les vertus d'un patrimoine ardent. »

Jacques Chirac à l'Hôtel de Ville accueille Sa Sainteté Vasken 1er, Catholicos des Arméniens, 1er juin 1979

« Plus qu'aucune autre, en raison des persécutions qu'elle a connues et des agressions commises contre elle ces dernières années, la communauté israélite de France a conscience des dangers, toujours présents, qu'engendrent les tentations racistes à l'œuvre dans nos sociétés.

Notre pays, pour conjurer les démons du racisme et de la xénophobie, doit renforcer son identité, se ressourcer aux valeurs communes, se défendre aussi contre les menaces de dilution de ces valeurs et contre les atteintes dont elles font l'objet. »

Jacques Chirac
Inauguration de la place des Martyrs-Juifs en présence de l'ambassadeur d'Israël et du Grand Rabbin de France, 18 juillet 1986

L'Hôtel de Ville de Paris est un lieu privilégié de rencontres et de dialogues.
Alain Poher, Valéry Giscard d'Estaing, François Mitterrand ont été accueillis par Jacques Chirac.

« Dès 1977, la Ville a fait le choix, au travers de ses documents d'urbanisme comme de ses interventions, de tout un ensemble de mesures dont l'objectif est unique : assurer une meilleure relation, un meilleur dialogue, une certaine forme d'intégration bien comprise, entre les constructions nouvelles et celles qui les avoisinent, les espaces attenants et la composition générale du paysage de Paris. Seule cette attitude est respectueuse de ce que vingt siècles d'histoire ont légué à Paris. »

« Le champ est ouvert à la création pour rendre aux Parisiens l'espace qui, par excellence, est celui de tous, sans le transformer en décor ou en événement singulier, mais en le réhabilitant comme lieu de la vie quotidienne aussi bien que comme théâtre de l'exceptionnel. »

« Chacun se fait « une certaine idée de Paris » et chacun, au-delà le plus souvent d'une juste appréciation des faits et des problèmes, souffre de tout ce qui paraît y porter atteinte. »

Jacques Chirac

Le palais Omnisports se construit. Jacques Chirac en suit, pas à pas, les étapes. Une fois l'ouvrage terminé, il survole cette réalisation exceptionnelle.

« Grâce à l'aménagement du quartier piéton des Halles, le centre de la capitale va bientôt retrouver une sorte de grande place publique, augmentée d'un jardin, à l'échelle d'une agglomération de dix millions d'habitants. La place de l'Hôtel-de-Ville, une partie de la place de l'Opéra et des grands boulevards, les contre-allées des Champs-Elysées seront rendues aux piétons. C'est l'avenir que je souhaite à ce quartier des Halles qui est déjà dans le XXIᵉ siècle. Sa conception a exigé audace et volonté ; il a besoin désormais, pour exister pleinement, d'une attention vigilante de la part de notre municipalité et d'une adhésion de la part des Parisiens. Je suis convaincu qu'il obtiendra l'une et l'autre. »

Jacques Chirac en compagnie de Christian de la Malène,
Les Halles, 27 novembre 1985

Le port de l'Arsenal est créé avec son jardin de 11 000 m². Il fait partie d'un vaste projet :

« Le plan programme de l'Est de Paris, décidé en novembre 1983, illustre parfaitement notre volonté de rééquilibrer la capitale et de rénover des secteurs entiers de la ville, tout en restant fidèles à leur atmosphère et à leur esprit. En une dizaine d'années, près de quatre-vingt-dix hectares d'espaces verts de dimensions importantes seront créés, ce qui représente un effort sans précédent depuis l'époque d'Haussmann. »

Jacques Chirac au Conseil de Paris, 27 mars 1986

La police nationale est quotidiennement, avec la gendarmerie et la magistrature, au premier rang de la défense de nos libertés. Les responsables de l'arrestation des terroristes d'Action directe, les jeunes appelés affectés dans la police nationale ou le service spécialisé dans la sécurité des parcs et jardins de la ville de Paris participent à cette lutte contre le crime et la délinquance.

« La police nationale, dans toutes ses composantes, est aujourd'hui le fer de lance de la lutte contre le terrorisme. Grâce à vous, grâce aussi, hélas, au sacrifice de plusieurs d'entre vous qui comptaient parmi les meilleurs, notre pays – considéré un temps comme le sanctuaire du terrorisme – a repris sa place au premier rang des nations qui œuvrent contre tous ceux qui n'hésitent pas à tuer et qui croient pouvoir déstabiliser les démocraties en faisant prévaloir la violence et la haine. »

Jacques Chirac,
Premier ministre

Accompagné de Charles Pasqua, ministre de l'Intérieur, et de Robert Pandraud, ministre délégué, chargé de la Sécurité, Jacques Chirac assiste aux obsèques d'un policier mort en service commandé.
Le 16 juin 1987, le maire de Paris inspecte la célèbre brigade des sapeurs-pompiers de Paris, créée par Napoléon, en 1811.

« Un mandat de maire, c'est à la fois l'imaginaire et le quotidien, les réalisations de grande envergure et les travaux les plus modestes, le goût de l'action et des paris difficiles. Et au-delà de l'action, la passion de rencontrer le peuple de Paris. »

Jacques Chirac

« Je me le rappellerai toujours, ce qui m'a le plus frappé quand je débarquai à Paris, en 1928, ce fut la politesse des gens du peuple. Mieux, cette gentillesse qu'on ne retrouvait alors nulle part en Europe, faite à la fois de noblesse et de simplicité, de spontanéité et de raffinement poli. C'est la première poésie que j'ai trouvée à Paris : ce souci de respecter dans sa singularité et dans son intégralité, d'honorer tout homme ou toute femme de tout continent, de toute race, de toute couleur, de tout pays. »

Léopold Sédar Senghor,
Président de la République du Sénégal
à Paris, 18 mai 1978

« Le Paris d'hier ne doit pas n'être qu'un objet de préservation mais aussi une source d'inspiration pour les réalisations du futur.

Le Paris de demain doit résulter tout autant de la volonté de prolonger certains grands desseins que de l'affirmation indispensable de volontés novatrices. »

Pour les handicapés, Jacques Chirac a tous les élans du cœur. N'a-t-il pas créé, en Corrèze, une association qui accueille plus de six cents d'entre eux, dans six établissements ? A Paris, les manifestations sportives ou culturelles qui rassemblent les handicapés reçoivent, fréquemment, la visite de leur maire.

Pour Bernadette Chirac « fleurir nos
maisons, nos villes, notre environne-
ment, compte parmi les moyens les
plus spectaculaires d'embellir notre patrimoine. »
Tandis que Jacques Chirac, dès sa
première mandature, crée de nouveaux
jardins dans Paris et fait planter des
fleurs sur les places et dans les squares
de la capitale, son épouse donne son
nom à une rose.
Selon sa marraine, ici, dans les jardins
de Bagatelle, avec Jacqueline Nebout,
la rose Bernadette-Chirac est « une
rose résistante à la pollution, refleuris-
sante et pleine d'épines, double
symbole d'amour et de force intérieure ».

Pour lui, c'est la fin d'une tragédie : Bernadette Chirac accueille, à Roissy, un tout jeune rescapé des « boat people ».

Le maire de Paris fête le mariage d'Anh Dao, jeune réfugiée vietnamienne qui a vécu plusieurs années avec la famille Chirac, « sa seconde famille ».

Arbre de Noël à l'Hôtel de Ville en compagnie d'Annie Cordy.

Sensible à toutes les formes d'art, Bernadette Chirac encourage leur expression. Elle inaugure, à la salle Saint-Jean de l'Hôtel de Ville ou à la mairie du 12ᵉ arrondissement, des expositions de peintures.

Bernadette Chirac préside la remise du « Dé d'or » au Palais Galliera.
Son mari analyse le talent de Guy Laroche lors de la réception de celui-ci dans l'Ordre de la Légion d'honneur.

« Le style Guy Laroche, très jeune, très alluré, s'impose avec ses manteaux plissés, ses petits bonnets en peau blanche, ses dos bénitiers qui seront largement repris par les confectionneurs américains, ses roses piquées au bas des reins, ses robes perlées que vous remettez à la mode et ses couleurs vives que vous introduisez dans la Haute Couture...

Vous contribuez à maintenir, dans le monde entier une certaine image de Paris, une certaine image de notre pays à laquelle nous sommes extrêmement attachés puisqu'il s'agit de celle du goût et de l'élégance. »

Jacques Chirac, aux côtés de l'artiste, admire le Pont-Neuf « emballé » par Christo.

« Est-il besoin de rappeler que l'artiste est un témoin indispensable, surtout aux périodes de grands changements comme la nôtre ? Or sa place est de plus en plus contestée. L'artiste rencontre de plus en plus de difficultés pour vivre, pour travailler et pour exprimer son œuvre. »

Jacques Chirac

La visite de Beaubourg avec Mme Claude Pompidou, celle du Musée d'Orsay en compagnie de Mme Chirac et l'inauguration d'une exposition, au Pavillon des Arts, en hommage au sculpteur Paul Belmondo, en présence de Mme Belmondo et de son célèbre fils Jean-Paul : des exemples parmi d'autres de la présence permanente du maire de Paris au cœur de l'activité culturelle de la capitale et de la part personnelle déterminante qu'il a prise dans la renaissance de la culture à Paris.

Présidente de l'« Association pour la promotion des arts à l'Hôtel de Ville de Paris », créée à son initiative en 1977, Bernadette Chirac organise très régulièrement, pour faire mieux connaître les jeunes artistes, des expositions ouvertes au public et des concerts dans les salons de l'Hôtel de Ville. Ainsi, en dix ans, dix-huit expositions et trente et un concerts ont attiré des dizaines de milliers de Parisiens à l'Hôtel de Ville de Paris.

Jean Marais, Bernadette et Jacques Chirac, Edwige Feuillère, François Léotard, Mme Claude Pompidou et Raymond Jérôme lors de la première de « la Dame du lac ».

Le départ des « Six jours de Paris »,
avec Mireille Mathieu, de « Paris-
Nice », avec Bernard Hinault, Jacques
Anquetil, Guy Drut, l'arrivée du ma-
rathon de Paris, l'encouragement au
football professionnel ou une initiation
de la jeunesse au basket ne sont que
quelques-unes des manifestations qui
rythment la vie sportive de Paris et que
Jacques Chirac anime avec bonne humeur après s'être attaché à relancer le
sport dans la capitale.

Jacques Chirac célèbre son premier mariage en qualité de maire de Paris. Mlle Catherine Cazalas épouse Didier Esnous, fils de Mme Esnous, collaboratrice de Jacques Chirac.

Cérémonie traditionnelle à l'Hôtel de Ville : Laurence, fille aînée de Bernadette et de Jacques Chirac, en conversation avec la reine des « Forts des Halles » et ses demoiselles d'honneur.

Les « Forts des Halles » et les poulbots de Montmartre reçus par Jacques Chirac.

Pour le maire de la capitale, la célébration des traditions est un rite auquel Jacques Chirac apporte sa bonne humeur naturelle. Les réceptions des groupes folkloriques de province, le partage de la galette des rois offerte par les boulangers de Paris et que Jacques Chirac découpe sous le regard de Camille Cabana, alors secrétaire général de la Ville de Paris, devenu ministre en 1986, la découverte de la crèche de Noël sur le parvis de l'Hôtel de Ville, comptent parmi les manifestations auxquelles le maire de Paris participe, fréquemment accompagné de son épouse.

Autour de Bernadette et de Jacques Chirac, des enfants de Paris, tous âgés de dix ans.

« Notre action, depuis dix ans, a été constamment ordonnée au service de tous les Parisiens, quels que soient leur condition, leur âge, leur lieu d'habitation et de travail, quelles que soient aussi leurs affinités politiques. Si nous avons fait de la politique, c'est au seul sens que je reconnaisse à ce mot, celui qu'Aristote, avant Saint Thomas d'Aquin, que Montesquieu, avant Maritain ou Mounier, lui donnaient, j'entends le service de la communauté dont on a la charge, dans sa diversité et sa richesse, c'est-à-dire le service de la cité, dans la fidélité à son histoire, en vue de son constant progrès et de l'épanouissement de ceux qui l'habitent.

Paris est une ville vivante. Cité d'art au prestige international, riche de ses monuments et de son passé, elle est le contraire d'une ville-musée. Elle porte le reflet d'époques, de styles divers, réunis sous le signe de l'harmonie.

J'ai voulu, pendant ces dix années, faire de la capitale une ville plus agréable, plus ouverte, plus solidaire, tout en respectant les contraintes d'une gestion financière rigoureuse, condition absolue de toute réussite. »

Jacques Chirac à l'occasion du 10ᵉ anniversaire de son élection à la mairie de Paris, Hôtel de Ville, 27 mars 1987

« Paris n'est certes pas une commune tout à fait comme les autres. La marque puissante imprimée jusque dans ses pierres par une histoire tourmentée et glorieuse en fait l'une des cités les plus célèbres du monde. Elle est à ce titre la fierté de tous les Français et en même temps la propriété de chacun d'eux. Il y a mille raisons et mille façons d'aimer Paris. On peut l'aimer en provincial, avec la ferveur et l'enthousiasme qui accompagnent les adoptions volontaires. On peut l'aimer en Parisien de souche, qui entretient avec sa ville des relations évidentes et spontanées, et pour qui les hauteurs de Montmartre ou de Sainte-Geneviève, les frondaisons du parc Monceau ou du jardin du Luxembourg, tiennent lieu, tout uniment, de campagnes et de vallons. »

Jacques Chirac

Pour comprendre l'Outre-Mer, il faut à la fois, la sensibilité du coeur et surtout le respect de l'autre dans son identité profonde, c'est-à-dire, dans ses traditions, dans ses coutumes, dans son authenticité différente.

Jacques Chirac, perpétuant le souvenir de Charles de Gaulle, est de tous les responsables politiques français, celui qui ressent le mieux nos compatriotes d'Outre-Mer. Cela tient à ses vertus cardinales : la chaleur de son amitié sincère et forte, l'élan spontané de sa générosité.

C'est le sens de son engagement politique, des Antilles à la Nouvelle-Calédonie, de la Guyane à Mayotte et à la Réunion, de la Polynésie et des îles Wallis à Saint-Pierre et Miquelon.

Quand Jacques Chirac traverse à grandes enjambées, le marché de Pointe-à-Pitre, accueilli maternellement par nos marchandes, le Maire de Paris est chez lui.

Les belles photographies qui suivent, en sont la meilleure illustration : en les regardant, vous comprendrez avec moi que, pour Jacques Chirac, la France trouve son prolongement naturel au delà de l'Hexagone, grâce à ses rivages lointains : la France des Iles, image diversifiée de notre véritable dimension humaine.

Lucette Michaux-Chevry

« C'est la vocation et la tâche de la France de diffuser une civilisation profondément humaniste. Et c'est parce qu'elle est humaniste que cette civilisation a su accueillir ce qui était différent et le faire sien.

« Depuis plus de trois cent cinquante ans, depuis toutes ces années, tous ensemble, nous avons été et nous sommes la France », soulignait le général de Gaulle à Fort-de-France, en 1960.

C'est parce que nous formons une société homogène, parce que nous sommes interdépendants les uns des autres, que la France doit manifester la même solidarité à l'égard de tous ses enfants.

Cette solidarité doit se concrétiser à travers l'aide que la métropole apporte à ceux que leur éloignement, l'exiguïté de leur territoire, la rareté des richesses naturelles, les déséquilibres hérités de l'histoire, ont rendus plus vulnérables aux conséquences de la crise économique. »

Jacques Chirac
Maison des Antilles à Paris,
10 octobre 1986

210

« La Guyane n'est pas seulement, à mes yeux, pour notre pays,
une fenêtre ouverte vers l'espace, ni
une escale importante sur la route du
Pacifique Sud, la Guyane est d'abord
et avant tout l'honneur de la France,
le témoignage de ce que notre pays
sait et peut réaliser quand il en a la
volonté. Un niveau de vie exemplaire
dans la région, des équipements publics modernes et comparables à ceux
de bien des départements de métropole, un brassage ethnique profond
constituent à la fois le charme propre
de la Guyane et ses principaux atouts
pour l'avenir. »

Jacques Chirac
devant le conseil général
de la Guyane
18 avril 1987

Autour de Jacques Chirac, Bernard
Pons et Paulin Bruné, député.

Noël à Maripasula.

Jacques Chirac, en 1975, sur le fleuve Maroni.

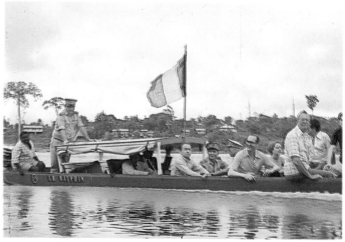

« La France conduit depuis 25 ans une politique spatiale voulue et engagée par le général de Gaulle qui avait compris, le premier, que l'espace serait le grand enjeu de la fin du XXᵉ siècle et qu'aucun pays ne demeurerait indépendant sans maîtriser, à côté de la technologie nucléaire, celle de l'espace.

C'est ici, en Guyane, que se déroule l'essentiel de cette aventure qui est liée à la fusée ARIANE, fusée qui occupe plus de la moitié du marché mondial des lanceurs avec près de soixante commandes et un chiffre d'affaires de plus de seize milliards de francs.

Les enjeux de cette aventure, sont considérables : il s'agit de l'indépendance de la France et de l'Europe, c'est-à-dire de notre liberté à tous.

Il s'agit aussi du maintien de notre niveau scientifique qui condionne, par les innombrables retombées des progrès techniques, la compétitivité de notre industrie et donc la création d'un grand nombre d'emplois.

Jacques Chirac à Kourou,
18 avril 1987

A Kourou, Jacques Chirac entouré d'André Giraud, ministre de la Défense, Bernard Pons, ministre des Dom-Tom et François d'Allest, directeur du CNES.

« La Guyane, au seuil des années 1990, va entrer dans une aventure passionnante.

Vous devez vous préparer à cette grande mutation qui fera de ce département français d'Amérique l'un des fleurons de la France et de l'Europe, afin que chaque citoyen de Guyane trouve sa juste part des retombées économiques et sociales du progrès technique. »

Jacques Chirac

Le Premier ministre visite le camp des réfugiés du Surinam accompagné par Lydie Gerbaud, chef du service de presse à l'Hôtel Matignon.

« Depuis 1841, le drapeau français flotte sur cette terre. Les cœurs des hommes et des femmes y battent au rythme de la France.

En 1958, en 1974, en 1976, vous vous êtes exprimés massivement pour le maintien dans la Nation française.

Jamais Mayotte n'a été prise en défaut quant à son attachement à la patrie. Jamais le doute n'a pu exister quant à votre volonté.

C'est pourquoi, je le dis solennellement, le problème de votre appartenance à la France ne se pose pas. Le problème qui se pose, c'est celui de votre avenir, celui de vos enfants, celui de votre île. »

Jacques Chirac
Mayotte,
19 octobre 1986

215

A l'invitation de Michel Debré et de son épouse, de M. Legros, président du conseil général, Mme Bernadette Chirac s'est rendue à l'île de la Réunion, au début du mois d'octobre 1987, pour inaugurer les « Floralies ».

« Laissez-moi vous dire ma joie d'être de nouveau sur cette île de la Réunion, sur ce joyau de l'océan Indien qui symbolise si bien la place et le rôle que doivent jouer nos départements d'outre-mer au sein de la grande communauté française.

Nous tenons les engagements pris avec la conviction que l'appartenance à la France doit aussi être une chance et un atout décisif pour vous, pour vos enfants, pour cette belle jeunesse qui a le goût de la vie. »

Jacques Chirac
La Réunion, 18 octobre 1986

Michel Debré, ancien Premier ministre, député de la Réunion, accueille Jacques Chirac.

Jacques Chirac entouré de François Léotard, Jacques Lafleur et Dick Ukeiwé.

« C'est avec le sentiment d'être profondément fidèle à l'idéal des héros qui, à deux reprises, dans le bataillon du Pacifique, se sont engagés pour défendre et sauver la patrie que je vous invite au rassemblement et à l'effort. Les Néo-Calédoniens ont à dire comment ils entendent, face aux incertitudes et aux interrogations de cette fin de siècle, déterminer et conduire leur destin car à l'aube du troisième millénaire, le Pacifique Sud peut nourrir de grandes ambitions.

Toutes les communautés, mélanésienne, européenne, malaisienne, polynésienne, asiatique, ont les mêmes droits et les mêmes devoirs. Aucune ne peut revendiquer pour elle-même le droit de déterminer le destin de tous. Mais nul ne doit être exclu du dialogue, à moins qu'il ne s'en exclue lui-même en refusant la loi de la démocratie, qu'aucune autre ne saurait, à nos yeux, remplacer.

La France, au cours de sa longue histoire, a appris que la tolérance et le pardon n'étaient pas un signe de faiblesse.

Le gouvernement n'acceptera jamais les menées subversives. Mais je souhaite, personnellement, ouvrir le dialogue avec tous les responsables qui exprimeraient sincèrement le souhait de s'associer désormais à la nouvelle page de l'histoire qui va s'ouvrir ici. »

Jacques Chirac, Nouméa, 29 août 1986

Entretien avec Jean-Marie Tjibaou.

« Il n'y a pas de démocratie sans tolérance, sans l'ouverture sur l'autre, sans le respect des minorités, sans l'acceptation de la majorité.

Il est donc vital que les habitants de la Nouvelle-Calédonie trouvent ensemble, sur leur avenir, le consensus le plus large. »

Jacques Chirac, Nouméa, 29 août 1986

Jacques Chirac a pris l'initiative du référendum.
Le 13 septembre 1987, la Nouvelle-Calédonie fait le choix de rester française, comme le souhaitait le Premier ministre et son gouvernement. Quatre jours plus tard, Bernadette et Jacques Chirac, Bernard Pons et son épouse viennent marquer l'importance que le gouvernement attache aux résultats de ce vote.

Jacques Chirac lance un appel à la réconciliation et au dialogue :

« Amis Calédoniens, ce référendum n'est pas la conclusion d'un livre qui se ferme. Il est la première page du livre de la nouvelle histoire de la Calédonie.

Il faut désormais que nous bâtissons ensemble cette société de progrès solidaire et fraternelle que tous les Calédoniens, j'en suis persuadé, appellent de leurs vœux.

Trop de querelles fraticides ont hypothéqué le territoire au cours des dernières années et ont fait obstacle à son développement. Trop de haines entretenues ont déchiré votre société. Trop d'enfants de la Nouvelle-Calédonie sont morts victimes des passions et des idéologies. La violence et la guerre sont affreuses, et les guerres qui opposent les enfants d'un même pays sont les plus affreuses de toutes. Il ne doit y avoir ici aujourd'hui ni vainqueurs ni vaincus, mais seulement des Français qui se respectent : une majorité respectueuse des droits de la minorité, une minorité responsable et acceptant le dialogue que lui permet la démocratie. »

« En ce 25ᵉ anniversaire du statut territorial de Wallis et Futuna, je suis venu témoigner de la permanence, aussi longtemps que vous le souhaiterez, de la présence de la France dont vous accueillez, pour la première fois, le Premier ministre en exercice.

Je voudrais vous dire combien je ressens le sentiment de votre attachement profond et indéfectible à la France. Cet attachement, vous l'avez clairement manifesté à chaque rendez-vous important avec l'Histoire, en mai 1942 lorsque vous vous êtes ralliés à la France Libre, en décembre 1959 lorsqu'à une écrasante majorité, vous avez choisi le statut de territoire d'outre-mer que vous proposait le général de Gaulle ».

Jacques Chirac à Mata Utu, avec Bernard Pons, Gaston Flosse, Jacques Douffiagues, Christian Bergelin, ministres, et Benjamin Brial, député, 1ᵉʳ septembre 1986.

« Le Pacifique-Sud doit s'organiser.

Il est bien clair qu'à côté du groupe formé par les Etats ou territoires sous influence anglo-saxonne, peut et doit s'édifier un ensemble français et francophone au cœur duquel la Polynésie jouera un rôle moteur.

Elle en est déjà, d'ailleurs, le symbole car elle est, elle-même, terre de dialogue et d'accueil, intégrant harmonieusement ses différentes cultures Maohi, Popaa et Tinto.

Terre de synthèse, terre d'harmonie, Tahiti a la mission de faire rayonner autour d'elle ses vertus : la tolérance, la fraternité et la liberté, le respect de la dignité de l'homme. »

Jacques Chirac,
Tahiti, 26 septembre 1985

« Dès la constitution du gouvernement, j'ai entendu que soit restituée aux départements d'outre-mer la véritable place qui est la leur dans la République française.

Par leur situation géographique privilégiée aux portes de tous les continents, les départements d'outre-mer apportent à la France et à l'Europe une immense ouverture culturelle, une chance économique et un domaine maritime exceptionnel. Ils sont un atout majeur pour notre recherche scientifique, pour l'exploitation des océans, pour le développement des télécommunications, des liaisons maritimes, aériennes et bientôt spatiales.

A treize années du XXIe siècle, les départements d'outre-mer se trouvent au centre des grands enjeux de demain. Ils sont et seront la chance de la France, dans la mesure où les moyens leur seront donnés pour jouer leur rôle, affirmer leur personnalité, réaliser leurs ambitions qui sont aussi les nôtres.

Allocution du Premier ministre
devant les corps constitués,
Fort-de-France, 11 septembre 1987

Emile Maurice, président du conseil général de la Martinique, reçoit Jacques Chirac et Bernard Pons.
Ainsi Césaire, poète et député-maire, accueille Jacques Chirac.

Jacques Chirac entouré de Bernard Pons, ministre des Territoires et Départements d'outre-mer et de Lucette Michaux-Chevry, élue des Antilles, secrétaire d'Etat auprès du Premier ministre, chargé de la Francophonie visitent la Guadeloupe.

« Si la jeunesse est un symbole de l'avenir, celui de la Guadeloupe est riche de la vitalité et du dynamisme de tous ses enfants. Jamais nous n'investirons trop pour eux, que ce soit en faveur du sport, de l'éducation, de la culture ou de la formation professionnelle. En leur offrant les moyens de se développer et de s'épanouir physiquement et intellectuellement, c'est bien la Guadeloupe de demain que nous préparons, une Guadeloupe heureuse, équilibrée et dynamique, dont les hommes et les femmes, seront fiers d'appartenir à notre grande Nation. »

Jacques Chirac,
10 septembre 1987 à Saint-François

A Saint-Pierre-et-Miquelon.

« Les départements d'outre-mer constituent, pour nous, l'un de nos atouts essentiels dans la compétition que se livrent les grandes nations du monde. Dans cette lutte âpre, la France ne peut se prévaloir ni de l'immensité de son territoire, ni des richesses de son sous-sol, ni de la fécondité de ses habitants.

Pourtant elle demeure présente à des milliers de kilomètres, dans le Pacifique, dans les Caraïbes et dans l'océan Indien.

C'est grâce à eux que la France peut tenir sa place dans les discussions où se décident les grandes orientations du XXIe siècle.

C'est grâce à ces terres lointaines que la France assure le rayonnement de sa culture et porte son message jusqu'aux antipodes et ces terres sont aussi pour elle, la source d'un enrichissement humain et culturel dont nous mesurons tous l'originalité, la diversité, la fertilité. »

Jacques Chirac

Quelques photos représentant
Monsieur Jacques Chirac,, dans
l'exercice de ses fonctions
Mais ... vues des coulisses.
Côté cour, côté jardin,
Mais toujours côté sourire
Photos qui parlent d'elles-mêmes
Alors, qu'y ajouter ...
Quelques réflexions ...
De celles que nous faisons tous
en feuilletant un album de
famille.
Et puisque ce sont pour la plupart
des photos prises, dans un
moment de détente,
J'allais dire : Appuyons sur la
détente, et donnons une interprétation
amusée, de tous ces instants pris
de la vie d'un homme d'État

R Devos

Raymond Devos

« Même après un banquet, on n'est pas toujours à la noce ! »

« Excusez-moi, j'ai dû me tromper d'adresse ! »

« Quand c'est l'écrit, ce n'est pas l'oral ! »

« Enfin seul ! »

« Je vous montre exacte-
ment ce qu'il ne faut pas
faire ! »

« Même au billard, il faut
savoir taper du poing sur
la table... et tant pis si la
boule en perd la tête... et
la queue ! »

Sur des airs de Georges Brassens

« Au village sans prétention, j'ai fort bonne réputation. »

« Je me suis fait tout petit devant une poupée... » ▶

« Me dire à moi, Jacques Chirac : "Ne bougeons plus !", c'est mal me connaître ! » ▼

« Ariane, ma sœur, ne vois-tu rien venir ? »

« Hep porteur ! »

« Je connais un petit restaurant pas loin d'ici, je ne vous dis que ça ! Mais il faudrait y aller à pied... »

« Alcooltest ou orangeade ? »

◀ « N'est-il pas populaire ? »

« Jérôme Monod raconte l'anecdote suivante : "Un jour où plusieurs sondages le donnaient perdant, j'entre dans le bureau de Jacques et le trouve effondré dans son fauteuil, les pieds sur la table, la tête dans les mains. Je m'inquiète, je redoute sa première crise d'abattement et m'enquiers timidement : "Jacques, cela ne va pas ? »" et Chirac de me répondre : "Ça ne va pas du tout, je n'arrive pas à digérer les deux douzaines d'escargots que j'ai mangées à midi". »

Cité par Catherine Nay
dans son livre « La double méprise »

« Est-ce la poule la mère de l'œuf ou l'œuf le père de la poule ? »

« Cravates, chemises, mais surtout pas de veste ! »

Le cireur (dans ses petits souliers) :
« Dieu sait si j'en ai ciré des pompes, mais de cette pointure ! »

Ballade irlandaise :
« Un Auvergnat sur le sol irlandais, ça se voit ! »

« Tokyo vaut bien un kimono. »

« Merci pour votre accueil ! A la prochaine photo ! »

« Je me félicite de votre succès. »

" ... Les pères doivent toujours donner
pour être heureux. Donner toujours,
c'est ce qui fait qu'on est père.... "

H. de Balzac

Papa a fondé sa vie sur un principe
de générosité :
Il a choisi le métier qu'il exerce.
Il a désiré être père.

Claude Chirac.

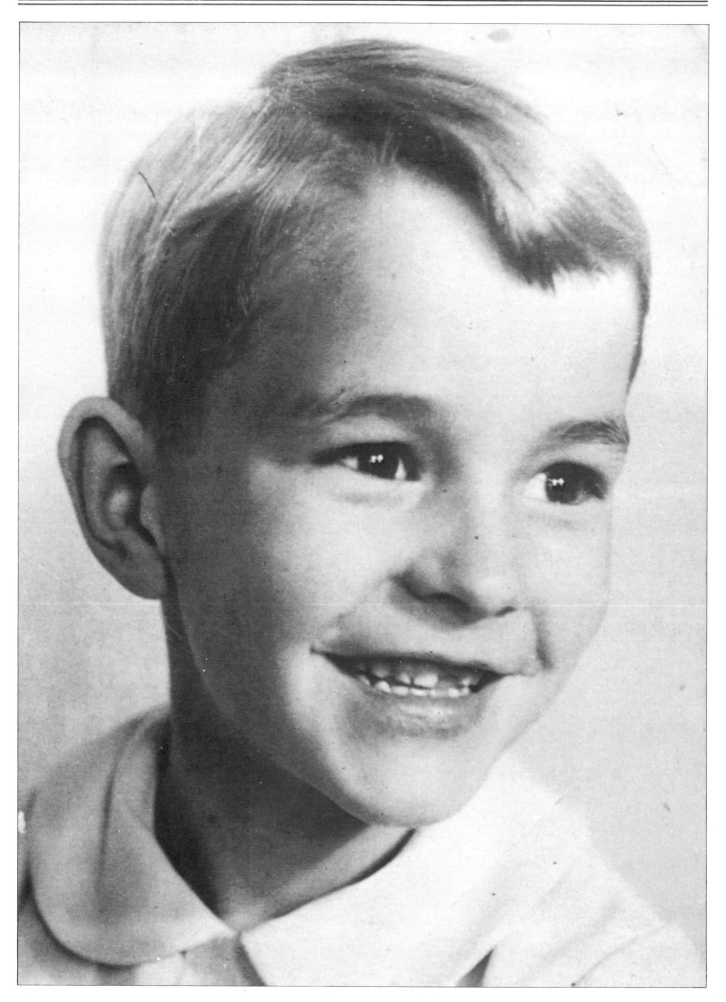

29 novembre 1932 : naissance de Jacques Chirac. Pour les astrologues, « Jacques Chirac est marqué par le signe du Sagittaire car, ce jour-là, ce signe contient – outre le soleil – la lune, mercure et le milieu du ciel : cela fait de Jacques Chirac un type sagittarien pur ».

Image classique de première communion au Rayol près de Toulon avec ses parents et promenade avec sa mère à qui il vouait admiration et tendresse.

A 19 ans, dans les rues de Brive-la-Gaillarde, Jacques Chirac a l'allure d'un jeune premier de cinéma.
Le baccalauréat obtenu, il s'embarque pendant les vacances d'été comme pilotin sur un bateau de cinq mille tonnes, le « Capitaine Saint-Martin », qui transporte du charbon ou du minerai de fer entre Dunkerque, Alger ou Melilla au Maroc. Son rêve : devenir commandant au long cours.

Enfant, il s'adonne au tennis et sera membre d'une troupe scoute, la 27ᵉ de Paris.
Vacances d'été à Sainte-Féréole en Corrèze avec son père, François.

Au mois de septembre 1955, Jacques Chirac sort major de la promotion d'élèves officiers de réserve de l'Ecole d'application de l'Arme blindée et de Cavalerie de Saumur et il est immédiatement affecté au 11e Régiment de chasseurs d'Afrique (11e RCA), à Neustadt, en Allemagne Fédérale.

Mars 1956 : après quelques péripéties, Jacques Chirac obtient de suivre son régiment en Algérie.

Son 3e escadron est affecté, à Souk-el-Arba, près de Montagnac, un piton situé à proximité de la frontière marocaine. Il sert au 6e RCA.

17 mars 1956 : quelques heures avant de partir pour l'Algérie, le jeune sous-lieutenant épouse Mlle Bernadette Chodron de Courcel, rencontrée quatre années auparavant sur les bancs de l'Institut d'Etudes politiques de Paris.
Après avoir quitté son épouse sur le quai de la gare de Neustadt, il défile, en Algérie, à la tête de son escadron. Pour faits de guerre, le sous-lieutenant Jacques Chirac sera décoré de la Valeur Militaire. Actuellement, il est lieutenant-colonel de réserve.

En patrouille, au milieu de ses hommes, près de la frontière marocaine ou au mess, parmi d'autres officiers, Jacques Chirac est heureux.

Lors d'une inspection dans le camp militaire de Berry-au-Bac près de Laon-Couvron avec André Giraud, ministre de la Défense et Georges Fontès, secrétaire d'Etat aux Anciens Combattants, Jacques Chirac, redevenu Premier ministre, retrouve son ancien colonel, M. Hynnion, ancien commandant du 6e RCA, et des hommes ayant servi, sous ses ordres, en Algérie.

De 1957 à juin 1959, Jacques Chirac suit les cours de l'Ecole Nationale d'Administration – promotion « Vauban ». Après sa scolarité, il retrouve l'Afrique du Nord en qualité de directeur de cabinet de Jacques Pélissier, directeur de l'Agriculture et des Forêts au gouvernement général à Alger. Pendant cette nouvelle année passée en Algérie, Jacques Chirac vit le drame des Pieds-Noirs pendant la « semaine des barricades ».

Ce sera ensuite, en juin 1960, le retour à Paris et ses débuts en qualité d'auditeur à la Cour des Comptes où ses résultats à l'ENA lui permettent d'entrer.

Jacques Chirac et Claude, sa fille cadette.

Dîner en famille.
Chaque fois que Bernadette et Jacques le peuvent, ils s'isolent avec leurs deux filles, Laurence et Claude, pour goûter quelques instants de bonheur.

Photo rarissime. Jacques Chirac en-
traîne son épouse dans la danse. Il est
Premier ministre et préside, en 1975, à
Versailles, le bal de l'Ecole spéciale
militaire interarmes de Saint-Cyr-
Coëtquidan.

Jacques Chirac à la Martinique, en compagnie de « deux de ses filles » comme il se plaît à le dire : Claude et Christine, son amie d'enfance.

Aux Ménuires, dans les Alpes, aux Saintes, en Guadeloupe ou dans une piscine, Jacques Chirac apprécie... Ces moments-là ne sont pas fréquents.

Quand il lui arrive de ne pas travailler, Jacques Chirac aime marcher dans la campagne, déjeuner aux sports d'hiver en compagnie de sa fille aînée, Laurence, ou faire de la gymnastique sous l'autorité bienveillante de deux champions olympiques : Guy Drut et Henry Boerio.

A Québec, son chien Maskou, un superbe labrador, offert par des Québécois quelques mois auparavant, récompense, d'une langue généreuse, son maître qui n'a pas hésité à l'emmener dans ce voyage sur son sol natal.

Jacques Chirac écoute, avec un évident plaisir, l'écrivain Marguerite Yourcenar, première femme à entrer à l'Académie française.
Lionel Hampton et une centaine de musiciens de jazz ont envahi les salons de l'Hôtel de Ville au cours d'une réception haute en couleurs, dans le plus pur style « New Orleans ».
Plus classique, Daniel Barenboïm, le talentueux chef de l'Orchestre de Paris est félicité, pour ses initiatives et son immense talent, par le maire de Paris.

« Vous êtes, sans conteste un chanteur "populaire", au meilleur sens du terme, c'est-à-dire un artiste dont la voix et le style, inimitables, se reconnaissent immédiatement ; un musicien dont on se prend à fredonner les mélodies après quelques écoutes ; un poète dont l'univers, plein des joies et des ambiguïtés de l'enfance, plein de ses peurs obscures aussi et de ses trouvailles saugrenues, éveille en nous l'écho des choses de tout temps connues. Poète de la vie quotidienne, vous l'avez transfigurée. »

Jacques Chirac
lors de la remise de la plaque
du bimillénaire de la Ville de Paris
à Charles Trenet, 18 juin 1987

« S'il était un esprit que n'enchaînait aucun mode, ce fut bien celui de Georges Brassens qui se consacra et se consuma, à l'image de Paul Valéry, à définir et à construire un langage dans le langage. »

Jacques Chirac,
lors de l'inauguration
du parc Georges Brassens,
26 novembre 1982

Merveilleuse Denise Grey.

Jacques Faizant, l'incomparable dessinateur, est un ami personnel du maire de Paris, tout comme Raymond Devos. Henri Salvador salue avec courtoisie le maire de Paris.
Jacques et Bernadette Chirac avaient beaucoup d'affection pour Thierry Le Luron.

Régine mène un vigoureux combat contre la drogue. Elle reçoit un appui sans réserve de Jacques Chirac.

Dalida et un de ses mouvements d'affection dont le destin nous a malheureusement privés.

Chantal Goya et Jean-Jacques Debout, un couple d'artistes appréciés par Bernadette et Jacques Chirac.

Line Renaud et Loulou Gasté ont pris l'initiative d'organiser l'anniversaire de Bernadette qui est entourée et fêtée par Serge Lama, Jean-Luc Lahaye, Guy Laroche, et évidemment, Claude et Jacques Chirac.

Catherine Deneuve, Gregory Peck, Brigitte Bardot, Isabelle Adjani, Madona. Jacques Chirac rencontre les stars internationales du cinéma et de la chanson.

Jacques Chirac remet la Légion d'honneur à Mme Odette Ventura, pour son dévouement dans le cadre de l'association « Perce-Neige » en faveur de l'enfance inadaptée.

Avec Yves Saint-Martin, un jockey hors du commun.

Le maire de Paris, accompagné de Jean Tibéri et Paul Violet reçoit quelques-uns des athlètes qui, au plan international, font honneur aux couleurs de la France : Guy Drut, Thierry Vigneron, Jean-Pierre Rives, Yannick Noah, Pascale Paradis, Laurent Fignon, Louis Acariès et Gérard d'Aboville.

De prestigieux pilotes de Formule 1, Jacques Lafitte, René Arnoux et Alain Prost, double champion du monde, aux côtés du maire de Paris qui admirait le courage avec lequel Didier Pironi, après un terrible accident en compétition, avait subi une longue et douloureuse rééducation. Des souvenirs communs avec un être, lui aussi, passionné par tout ce qu'il entreprenait.

Alain Mimoun, Henri Leconte, Michel Hidalgo et Raymond Poulidor connaissent bien, à des titres divers, Jacques Chirac.

Quelques jours à la neige. Accompagné de sa fille aînée, Laurence, Jacques Chirac rencontre Jean-Claude Killy, champion exemplaire et Léo Lacroix.
Premier ministre, Jacques Chirac a joint ses efforts à ceux de Michel Barnier et de Jean-Claude Killy pour que les jeux Olympiques d'Hiver se déroulent, en 1992, en Savoie.
Eugène Riguidel, Eric Tabarly, Marc Pajot, Gilles Gahinet, quatre de nos célèbres navigateurs, fêtent avec Jacques Chirac, leurs éclatantes victoires internationales.

Sophie, épouse du roi d'Espagne, sa fille, Elena, Infante d'Espagne, Rostropovitch et son épouse, accompagnent Bernadette Chirac au Festival d'Art Sacré de Paris.

Aux Baux de Provence, Grâce de Monaco, son fils Albert et Bernadette Chirac sont accueillis par le maire de la cité, Raymond Thuilier, cuisinier et restaurateur de grand renom.

A Toulouse, Lady Di et Jacques Chirac.

Juan Carlos, roi d'Espagne et Jacques Chirac.

Le roi de Suède et son épouse en visite officielle en France.

Mme Claude Pompidou, Bernadette et Jacques Chirac guident la reine du Danemark dans une exposition.

« J'ai tenu à créer, au sein de mon gouvernement, un secrétariat d'Etat aux Droits de l'Homme qui puisse définir et mettre en œuvre une politique d'ensemble pour que la France reste en première ligne dans une cause qui plonge au cœur de nos racines et de nos traditions. Dans tous les pays du monde qui font bon marché des libertés et de la dignité de la personne humaine, la France intervient. Par ses prises de position dans les enceintes internationales, ou par les aides et les soutiens moraux et financiers qu'elle apporte aux peuples opprimés, la France reste fidèle à sa vocation de patrie des droits de l'homme et de terre d'asile. »

Jacques Chirac
Discours en l'honneur
de René Cassin,
Conseil d'Etat, 5 octobre 1987

Jacques Chirac rencontre Elie Wiesel, « prix Nobel de la paix ».

« La déclaration des droits de l'homme et du citoyen de 1789 est une part essentielle de notre patrimoine national, mais nous croyons aussi à la valeur universelle des idéaux qu'elle exprime : la liberté de pensée et d'expression, le respect des croyances religieuses, le droit pour chacun de se déplacer librement, y compris, s'il le désire, de quitter son pays ou d'y revenir, toutes ces exigences sont gravées au plus profond de nos cœurs et de nos esprits.

Vous n'ignorez pas toutefois que, de notre point de vue, beaucoup de chemin reste à faire dans la mise en œuvre, partout en Europe, des principes que nous avons posés en commun à Helsinki, voici douze ans.

Le second aspect de mon propos concerne le respect de l'indépendance et de la souveraineté des Etats, ainsi que le droit des peuples à disposer d'eux-mêmes. »

Extrait du discours prononcé par Jacques Chirac, Premier ministre, Palais du Kremlin, 14 mai 1987

A Moscou, à l'ambassade de France, le Premier ministre rencontre dissidents soviétiques et refuzniks.

275

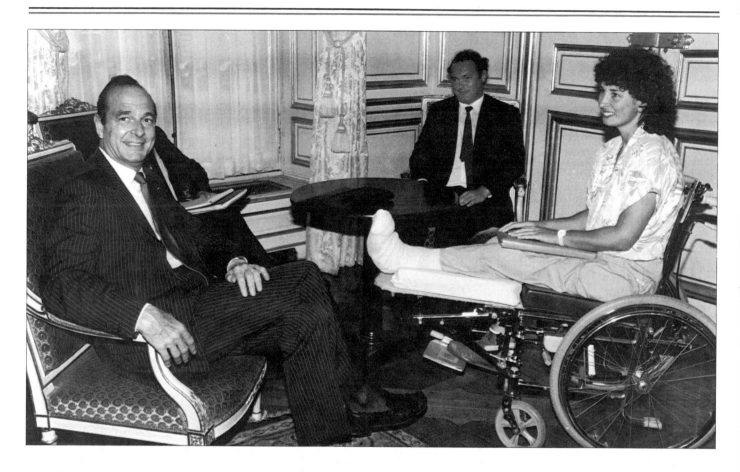

Françoise Rudetzki, atrocement blessée lors de l'attentat commis au « Grand Véfour », préside l'association « SOS-Attentats ». A Matignon, Jacques Chirac la reçoit avant de décider des mesures qui seront prises par son gouvernement pour venir en aide aux victimes des attentats.

L'abbé Pierre a fait appel au maire de Paris. Jacques Chirac mobilise la population parisienne et les services municipaux.

Mère Térésa incarne toutes les misères du monde, principalement celles des pays surpeuplés, en voie de développement. Jacques Chirac accompagne ses efforts et propose, depuis dix ans, une sorte de plan Marshall afin que l'Europe partage ses richesses agricoles pour nourrir ceux qui meurent de faim.

Les liens qui unissent Jacques Chirac à Edouard Balladur sont d'une qualité telle que l'ancien secrétaire général de l'Elysée, sous la présidence de Georges Pompidou, est devenu la pierre angulaire du gouvernement issu de la victoire de la majorité aux élections législatives du 16 mars 1986.

Edouard Balladur occupe les fonctions de Ministre d'Etat, ministre de l'Economie, des Finances et de la Privatisation.

A son ami, Michel Baroin, président de la Garantie mutuelle des fonctionnaires et tragiquement disparu dans un accident d'avion, au Cameroun, le 6 février 1987, Jacques Chirac avait confié la tâche de diriger le Comité chargé de la célébration du bicentenaire de la Révolution, mission à laquelle Jacques Chirac est très attaché. Une mission que Michel Baroin aurait accompli avec talent et intelligence.

Jacques Pélissier, conseiller auprès du Premier ministre et dont Jacques Chirac fut le collaborateur en Algérie et Maurice Ulrich, directeur du cabinet du Premier ministre appartiennent à ce groupe des fidèles amis qui « entrent sans frapper ».

Mme Denise Esnous, secondée par Josette Hirigoyen-De Martini veille sur Jacques Chirac et organise son emploi du temps. Elles ont exercé les mêmes fonctions auprès de Georges Pompidou, rejoint Jacques Chirac à Matignon en 1974 et ne l'ont plus quitté. « Elles sont irremplaçables » aux dires de Bernadette et Jacques Chirac.

« On ne dira jamais assez l'amour exclusif que Marcel Dassault portait à la France, sa fierté d'être Français, son désir de travailler pour la France, afin d'accroître son influence, sa grandeur et sa place dans le monde.

C'est pour la France, dont il parlait avec des accents qui étaient ceux du général de Gaulle, qu'il plaida de toute son énergie en faveur de l'Union nationale, du rassemblement des Français. »

Jacques Chirac,
hommage public rendu
à Marcel Dassault,
à l'Assemblée nationale, 30 avril 1986

Depuis le lycée Carnot et la préparation du baccalauréat, Jacques Friedmann et Jacques Chirac ne se sont jamais quittés. Deux complices.
Jacques Friedmann, plus jeune chef de service de l'Inspection générale des finances a dirigé le cabinet de Jacques Chirac, secrétaire d'Etat aux Finances, et a appartenu à son équipe, occupant une place à part, celle qui est liée à trente-huit années d'amitié.
Président-directeur général d'Air France, Jacques Friedmann est l'homme de toutes les confidences et de toutes les confiances.

Une réputation justifiée : les capacités de travail de Jacques Chirac. Tard couché, tôt levé, dévoreur d'espaces et de dossiers, cet homme d'Etat aime travailler.

Dans l'avion qui l'emmène vers l'étranger, il écoute ses ministres et collaborateurs, Jean-Bernard Raimond, Denis Baudouin, porte-parole de Georges Pompidou à l'Élysée et, au même poste, homme de confiance de Jacques Chirac à Matignon et à la mairie de Paris, François Bujon de l'Estang, conseiller diplomatique.

Dans le bruit du Transall qui s'envole vers Saint-Pierre-et-Miquelon, l'étude des dossiers reste prioritaire pour Jacques Chirac.

« Comprendre la France,
c'est connaître son histoire,
c'est assimiler les cathédrales,
la sagesse de Montaigne, la foi de Pascal,
l'esprit de Voltaire, la musique de Hugo,
cinq siècles de peinture et dix siècles de batailles.
C'est reconnaître aussi
qu'au-delà de brèves périodes de fièvre ou de fureur,
il y a la permanence d'un peuple
qui a su faire son chemin dans l'Histoire
sur les voies de la raison et de la mesure,
et qui ne s'est jamais égaré plus d'un moment
sur les traverses incertaines. »

Jacques Chirac
Paris, 24 novembre 1981

Hôtel de Ville de Paris. Tard dans la nuit, une pièce demeure éclairée. Jacques Chirac travaille.

Bibliographie

« La double méprise », par Catherine Nay.
« Jacques Chirac », par Franz Olivier Giesbert, *Seuil*, 1987.
« La lueur de l'espérance », par Jacques Chirac, *La Table Ronde*, 1978.
« Jacques Chirac ou la République des Cadets », par Catherine Clessis, Bernard Prevost, Patrick Wajsman, *Presses de la Cité*

SOMMAIRE

REMERCIEMENTS

Nous tenons tout particulièrement à exprimer nos remerciements à Madame Bernadette Chirac, qui nous a confiés des photos de sa collection personnelle.

Nous témoignons notre reconnaissance à Monsieur Edouard Balladur, ministre d'Etat, à l'amiral Philippe de Gaulle, à Maurice Schumann, membre de l'Académie française, à Claude Chirac et à Lucette Michaux-Chevry, à François Ceyrac, à Pierre Seghers et à Raymond Devos qui ont accepté de rédiger, avant chaque chapitre, une préface, trop courte à leurs yeux. Et aux nôtres.

A Jacques Faizant, pour son délicieux dessin inédit.

Nous remercions très sincèrement :

• *Alain Juppé, Christine Albanel de Lagarde, François Bujon de l'Estang pour leurs conseils.*

• *Aline Gibaud, Béatrice Sue, Armand Magescas, Hervé Fabre-Aubrespy et Julien Vignoli pour leur disponibilité et leur précieuse relecture du manuscrit.*

• *Bénédicte Rivet, Jocelyne Jacques, Sylvie Rebière, Pascal Kert, Thierry Rouhaud, Maurice Fitz, Caroline Chal et Françoise Adamo qui nous ont apporté leur collaboration dans la recherche des documents et la frappe des textes.*

• *Mariane Aubry (chapitres 1-2-3-5-6) et Isabelle Shelly (chapitres 4-7-8) ont réalisé la maquette et assuré, la direction artistique de notre ouvrage avec leurs talents.*

• *Jean-Michel Le Corfec, « synthèses communication », pour la conception de la jaquette.*

• *Les équipes de photocomposition et de photogravure dirigées par MM. Deshautels et Léonelli qui ont, par la qualité de leur travail, répondu à notre attente.*

• *Jean-Daniel Lorieux pour sa photo de 4ᵉ de couverture.*

Nous remercions également notre ami Christian Vioujard, reporter photographe de l'agence Gamma, qui nous a offert quarante photos ; Patrice Picot, grand reporter à « Jours de France », Claudine Hainaux, et Delphine Goux du service-photos de « Jours de France » ; MM. René Mourier, Francis Dupuy, Jean-Pierre Bonnefoy du service photos de l'Hôtel Matignon. MM. Raymond Mesnildrey, Marc Verhille, Roland Coudert du service photos de l'Hôtel de Ville ; Mmes Josette Chardans, chef de la documentation et des archives de Sygma, et Dominique Oléon, son adjointe ; Caroline Ferreux, responsable des archives de Gamma, et Véronique Cardineau, son adjointe ; Claire Nebut de l'AFP ; les laboratoires photographiques Toroslab et Dautreppe.

Que toutes et tous trouvent ici, l'expression de notre reconnaissance et de nos chaleureux remerciements.

Jean-Pierre Bechter et Christian Boyer

Photocomposition et photogravure
Photo Couleurs de Paris - Montreuil
Achevé d'imprimé sur les presses de G. C. Conseils
74, avenue Marceau, Paris
Reliure A. G. M. Forges-les-Eaux
Dépôt légal en novembre 1987
ISBN 2-907122-00-2

Editions Prestige de France – 66, rue de la Rochefoucauld, 75009 Paris